큐복음서

― 신약성서 속의 예수의 참 모습, 참 말씀

도올 김용옥 편·역주

통나무

도론(導論)

　기독교는 유대인의 종교가 아니다. 기독교가 유대인 문화전통 속에서 자라난 것이긴 하지만 유대인 전통 속에서 보면 기독교는 유대교의 이단일 뿐이요, 철저히 배제되어야 할 신념체계일 뿐이다.

　기독교는 유대인의 배척 속에서 예수교(Teachings of Jesus)로부터 그리스도교(Christianity)로 변모되었고 성장하였다. 그렇다고 기독교를 "이방인의 종교"(a Gentile religion)라고 말할 수도 없다. 이방인이라는 말은 유대인의 입장에서 유대인혈통 외의 사람들을 부르는 말이기 때문에 기독교인 스스로 기독교를 이방인의 종교라 부를 수는 없다. 기독교는 유대인들의 공동체운동 속에서 피어났지만 그 공동체들의 계한(界限)을 넘어 인류보편의 신념체계로 발전한 것이다. 그렇다고 기독교를 인류의 종교라고 규정해버릴 수만도 없다. 인류는 기독교 외로도 많은 종교를 신앙하고 있기 때문에, 기독교를 인류의 종교로서 단순하게 규정해버리는 것은 그 자체 내에 제국주의적 독단을 내포할 수도 있다. 우리나라 사람들은 20세기를 통하여 특이하게 만연된 전도주의적 신념 속에서 기독교가 "땅끝까지" 선교되어야만 할 것으로 알지만("땅끝까지"라는 말은 4복음서 속에도 없는 말이다), 이슬람교, 불교, 유교문화권만 해도 기독교가 뚫기 어려운 자체의 광대한 신념의 울타리를 가지고 있다. 인류는 다양한 신념·신앙을 공존시키고, 공유할 수밖에 없다.

그렇다면 기독교는 어떠한 종교인가? 기독교는 기독교를 발생시킨 그 뿌리에 대한 로얄티를 강요하지 않는다. 하나님이라는 추상적 신념에 관한 확신은 이미 어떤 구체적 시공의 제한성을 초월해버렸기 때문이다. 따라서 기독교를 발생시킨 어떤 연원에 대한 로얄티의 정도에 따라 기독교적 신념에 대한 정통과 이단의 구분을 설정하는 것은 근원적으로 무의미한 것이다. 기독교에 대한 나의 결론은 매우 단순하다. 우리에게 기독교는 궁극적으로 "한국인의 기독교" 일 수밖에 없다는 것이다. "한국인"이란 특수한 문화적 공동체의 소속감을 보지하는 동시에 보편적 인간 (Universal Man)이다. 기독교는 한국의 기독교일 수밖에 없다는 나의 주장은 너무도 현실적인 명제인 동시에 너무도 보편적인 명제이다.

한국인은 예로부터, 고운(孤雲) 최치원(崔致遠, 857~?) 선생이 간파하셨듯이 "풍류"(風流)를 사랑했다. 풍류란 "우주적 기의 흐름"(Cosmic Flow)이요, "신기(神氣)의 발로"(Divine Dance)이며 "생명의 약동"(Élan Vital)이다. 그것은 한마디로 신명이요, 신바람이요, 프뉴마($\pi\nu\epsilon\hat{\upsilon}\mu\alpha$)다. 『동이전』의 저자들은 한국땅에 와서 한국인들의 행태를 목격하고, "음식가무"(飮食歌舞)를 즐길 줄 아는 민족이라고 기술하였는데, 이 음식가무야말로 풍류의 다른 표현이다.

한국인들은 이 풍류의 심성의 바탕 위에서 모든 외래문명을 수용하였다. 불교도 풍류의 불교가 되었고, 도교도 풍류의 신선도가 되었고, 유교도 풍류의 유교가 되었다. 물론 기독교도, 한국의 기독교는 "풍류의 기독교"라 해야 할 것이다. 이 지구상에서 한국인들처럼 기독교 집회를 통하여 음식가무를 즐기는 민족도 드물다. 한국의 교회처럼 찬송가 부르기를 사랑하는 교회도 없다. 한국의 교회처럼 그토록 대규모의 성가대가 빠지지 않고 존속하는 교회도 드물다.

아무리 작은 개척교회라도 성가대가 없는 교회는 없다. "음식가무"에서 음(飮)과 무(舞)를 뺀다 해도, 한국의 교회는 분명 "식가(食歌)의 교회"라 해야 옳다. 공동식사, 공동찬양, 연일대회(連日大會), 이런 말들은 『위지동이전』에서부터 오늘의 한국기독교 문화현상을 일이관지(一以貫之)하는 대축이다.

  이러한 한국심성의 풍류기독교는 그 나름대로 허실을 내포하고 있다. 한국기독교의 풍류적 성격은 한국의 기독교인구를 팽창시키는 데 놀라운 기능을 발휘하였다. 이 지구상에 지난 한 세기 동안 한 나라에서 기독교인구가 이토록 팽창한 유례가 없다. 기독교 에반젤리즘 역사의 한 기적이라 해야 할 것이다. 이 기적의 내면에는 신바람과 더불어 피눈물 나는 고난의 엑소더스가 있었다. 그것은 조선왕조의 부패한 지배계급의 탄압으로부터 시작하여 일제강점기의 폭압으로 이어진 기나긴 수난의 역사속에서 조선민중의 가슴에 불을 지폈던 피세(避世)와 구원의 열망이기도 했다. 그리고 해방 후에도 그 열망은 우리민족이 걸어야했던 전쟁과 독재의 마수 속에서 마냥 확대되어만 갔다.

그러나 이러한 고난의 역정이 반사적으로 선사한 기독교공동체의 확산은 그 고난의 진원의 진실이 옅어지면서 공동체 자체의 조직과 권력과 부를 유지하기 위한 세속적 운동으로 변질되어갈 수밖에 없는 필연적 여로를 노출시켰다. 한국기독교는 영혼 없는 육체, 생명력이 없는 형해, 신앙 없는 허세, 공동체유지의 필연성이 결여된 콘크리트건물이 되어가고 있는 것이다. 모든 사람들이 본능적으로 비판받는 것을 싫어한다. 그러나 예수는 가혹한 비판자였다. 예수교(예수의 가르침)라는 것은 오로지 예수 당대의 사회현상에 대한 비판으로부터 시작된 것이다. 그러나 당대인들은 그의 비판을 거부했다. 그 비판의 거부가 예

수를 오늘의 예수로 만든 것이다. 기독교가 비판을
수용할 줄 모른다면 그것은 끊임없이 예루살렘 성전
의 파괴만을 조장할 뿐이요, 독단의 벽을 쌓아 올리
며, 자멸을 자초할 뿐이다. 더구나 한국의 기독교는
기독교를 건강하게 만들어온 역사적 환경을 상실하
였다. 현세적 조직의 부와 권력은 어떠한 경우에도
종교를 건강하게 만드는 동력이 될 수 없다.

　더구나 민주의 가치가 일상화되고, 합리적 성찰이
보편화되며, 과학적 판단이 상식의 기준이 되며, 구
원의 갈망이 옅어지는 사회가 되면 종교는 점점 묵시
론적 환상과 같은 우치(愚癡)에 매달리게 되면서 편
협하게 되기가 쉽다. 그리고 점점 일반인의 상식으로
부터 고립화되어 소수집단화 되어가는 경향이 생겨
날 수밖에 없는 것이다. 한국교회가 팽창일로를 거듭
하는 것 같지만, 이미 교계의 현실은 점점 일반인의
상식으로부터 격리되는 현상이 역력하게 드러나고

있으며, 우혹(愚惑)한 젊은이들만이 쏠리고 있는 것
이다. 더구나 국가의 인구가 줄어들고 있는 현실 속
에서 종교조직에 헌신하는 인구는 더욱 급격하게 줄
어들 수밖에 없다. 이러한 우려를 탈레반선교로 상쇄
시키려는 우행(愚行)은 건강한 상식인들의 빈축만을
살 뿐이다. 어찌 내우(內憂)를 은폐하고 외환(外患)
을 자초할까보냐? 이러한 추세로 나간다면 유럽의
대형교회들이 중세기의 유물로만 남아있듯이, 한국
의 대형교회들은 그 건물 유지조차 어렵게 되는 상황
으로 치닫게 될 것이다. 더구나 한국의 교회건물들은
관광자원조차 될 가치가 없는 조잡한 모조품들일 뿐
이다. 세계건축사에 우뚝 솟을 만한 건물이 한 개라
도 있을까보냐? 기독교인구의 감소는 필연적 추세이
다. 어떻게 할 것인가? 계속 콘크리트 건물만 짓고
체조경기장에서 부흥회만 되풀이할 것인가? 나 도올
은 말한다. 한국기독교는 재건되어야 한다!

어떻게 재건할 것인가? 그 해답은 결코 어렵지 않다. 기독교의 재건은 기독교의 본질을 항상 새롭게 구현하는 것으로부터 출발할 수밖에 없다. 기독교를 믿는다고 하는 것은 예수를 믿는 것이다. 예수를 믿는다고 하는 것은, 예수가 메시아("메시아"는 히브리어이고 그것을 희랍어로 번역한 말이 "그리스도"이다), 즉 구세의 주라고 하는 사도들의 믿음 이전의 예수를 믿는 것이다. 그것은 역사적 예수(Historical Jesus)일 수밖에 없다. 역사적 예수를 믿는다고 하는 것은 곧 역사적 예수의 말씀(로기아, *logia*)을 믿는 것이다. 예수의 말씀은 어디에 있는가? 물론 그것은 신약성서 속에 있다. 신약성서 어디에 있는가? 그것은 신약성서 중에도 4복음서에 들어있다. 4복음서 이외의 작품들은 예수의 사후의 사도들의 행전(전도여행 기록)이거나, 사도들의 편지나 묵시문학작품이기 때문에 예수의 말씀에 관한 간접적 방증자료는 될 수 있을지 몰라도 분명 그것은 예수 생전의 말씀이 아니다.

그것은 모두 예수의 사후에, 예수의 말씀으로 전해 내려오는 것들에 대한 사도들의 해석이다. 그것은 일 차적으로 예수의 말씀이 아닌, 예수를 주제로 한 사 도들의 말씀인 것이다.

4복음서는 모두 예수의 말씀인가? 결코 그렇게 말 할 수는 없다. 왜냐하면, 복음서는 아무리 그것이 성 령의 힘으로 쓰였다 할지라도 결국은 사람의 손을 빌 린 것이며, 사람이 쓴 것인 이상 그것은 그 사람의 첨 삭이나 창작이나 주관의 필터를 거칠 수밖에 없는 것 이다. 4복음서 중에서도 요한복음은 제4복음서로서 나머지 3복음서와 매우 성격을 달리하는 것이다. 나 머지 3복음서, 즉 마태, 마가, 누가복음은 공통된 자료 와 공통된 관점을 가지고 있기 때문에 우리가 공관복 음서(共觀福音書, synoptic Gospels)라고 부른다. 요 한복음은 공관복음서와는 그 기술양식과 형식과 주 제가 사뭇 다르다. 요한복음은 공관복음서보다 훨씬

늦게 집필된 것이며, 그 저자가 공관복음서라는 자료를 손에 들고 그 자료의 한계를 초극하기 위하여 매우 새롭게, 그리고 자신의 주제의식(Logos Christology)에 따라 자유롭게 예수의 생애와 말씀을 재구성한 것이다. 예수를 역사적 예수로서 현실적 지평위에서 파악하기 보다는 "로고스의 지상에서의 육화"라는 매우 독특한 이념의 구현체로서 파악하고 있기 때문에, 예수의 말씀도 지극히 이념화되어 있으며 장황하고 논설적이다. 물론 요한이 공관복음서의 저자들이 확보하지 못한 새로운 구전이나 자료들을 보았을 가능성도 배제할 수 없으며, 그것이 비록 후대일지라도 역사적 진실에 보다 접근하는 자료일 수도 있다. 그러나 요한복음은 우리가 역사적 예수의 말씀을 고구(考究)한다는 측면에서는 일차적으로 배제되는 문학장르이다. 예수의 말씀은 기본적으로 공관복음서 속에서 찾을 수밖에 없다.

그런데 마태·마가·누가의 3복음서(공관복음서) 중에서 어느 것이 가장 오리지날한 기술일까? 다시 말해서 어느 복음서가 가장 먼저 쓰여졌을까? 이 질문에 대하여 마가복음이 제일 먼저 쓰였다는 것이 입증된 것은 19세기 초엽의 사건이었다. 그 이전에는 항상 마태복음이 모든 복음서의 원형처럼 느껴졌던 것이다. 마태복음의 기술은 매우 종합적이며, 편견이 적은 듯이 보이고, 완정하며, 또 사도들의 적통성과 유대교전통과의 연계성이 확보되어 있다.

1838년 크리스티안 빌케(Christian Wilke)는 "마가복음의 원초성"(the priority of Mark)을 확고하게 만들었다. 마가복음 자료가 마태복음과 누가복음에 공유되어 있다는 것을 입증한 것이다. 661절로 구성되어 있는 마가복음 자료 중에서 600절 정도가 마태복음에 들어가 있고 350절 정도가 누가복음에 들어가 있는 것이다. 그러니까 마가복음이 마태복음과 누가복음보다 원초적인 자료가 된다. 즉 마태와 누가는 이미 성립한 마가복음 코우덱스를 보면서 그들의 복음서를 집필하였던 것이다. 그러니까 마가복음서는 "복음서"라고 하는 전기문학장르의 효시가 된다. 마가라고 하는 어느 역사적 엑스(x)는 그리스의 비극장르에 필적하는 새로운 문학유형을 창안한 대문호였으며 영성으로 가득찬 대천재였던 것이다. 그 창작시기는 예수살렘 성전이 멸망한 AD 70년 이후 몇년사이였다.

그런데 1838년 같은 해에, 라이프치히대학 (University of Leipzig)의 철학 · 신학교수였던 크리스티안 헤르만 바이세(Christian Hermann Weisse, 1801~1866)는 마가복음서를 참고하면서 마태와 누가가 복음서를 썼다는 사실과 관련하여, 마가복음서 자료를 제외한 마태복음서와 누가복음서 부분 속에 또 하나의 공통자료가 있다는 사실을 발견했다.

다시 말해서 마태와 누가는 마가복음서 외로 또 하나의 필사자료를 가지고 있었다는 것을 입증해내었다. 마태와 누가는 서로 교류가 없었다. 둘이서 같이 한방에서 논의해가면서 복음서를 집필했다면 모르되, 서로 교류가 없는 상황에서 공통된 자료가 있었다고 한다면, 그것은 구전(oral tradition)이 아닌 문서자료(written document)일 수밖에 없다. 따라서 마태와 누가는 마가복음서와 또 하나의 공통문서를 손에 들고 있었다는 이야기가 된다. 이것을 "두 자료 가설"(Two Document Hypothesis)이라고 부르는데 보통 신학계에선 "TDH"라고 약어화한다. 이 또 하나의 공통자료를 "자료"에 해당되는 독일어인 "크벨레"(Quelle)의 첫 글자를 따서 "Q자료"라고 불렀던 것이다. 크리스티안 헤르만 바이세는 Q자료 존재의 최초의 발설자였다(Christian Hermann Weisse, *Die evangelische Geschichte kritisch und philosophisch bearbeitet*, 2 vols, Leipzig: Breitkopf und Härtel, 1838).

마태복음과 누가복음에서 마가자료와 Q자료를 제외하고 남는 부분은, 마태의 경우 마태 자신의 유니크한 자료가 될 것이므로 M자료라 부르고, 누가의 경우는 L자료라 부른다. 이상의 논의를 도표화하면 다음과 같다.

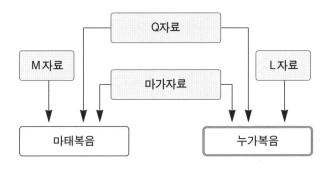

그런데 마가를 제외한 마태와 누가에 공통된 Q자료를 세밀하게 검토한 결과, 재미있는 사실을 발견하게 되었다. Q자료는 어록(Record of Sayings)일 뿐이라는 사실이었다. 즉 예수의 말씀, 그러니까 "예수께서 가라사대(Jesus said,)"로 시작되는 담화부분만

있는 자료라는 것이었다. 나는 이것을 "가라사대 파편"(sayings fragments)이라고 부른다. 『논어』에는 공자에 관한 이야기(story-telling)가 없다. 오로지 "공자 가라사대"(子曰)로 시작되는 공자말씀만 적혀 있는데, Q자료는 예수의 논어(論語)인 셈이다. 논어에 해당되는 희랍어가 로기온(logion, 복수는 logia)인데 Q자료는 "로기온 크벨레"(Logion-Quelle)인 것이다. 그러니까 마태와 누가는 매우 성격이 다른 두 개의 자료를 손에 들고 있었다. 하나는 예수의 일생을 그린 드라마와 같은 자료였고, 하나는 예수의 말씀만을 적은 매우 오리지날한 초기어록이었던 것이다.

자아! 한번 생각해보자. Q자료는 어디까지나 가설로 시작하여 가설로 끝나는 자료일 수밖에 없다. 그러나 이 Q자료의 강력성은 현존하는 복음서 밖의 이상한 자료가 아니라, 정경복음서 내에 있는 또 하나의 권위있는 정경자료라는 사실에 있다. 그러니까 이집트나 팔레스타인의 폐허의 모래더미 속에서 캐어낸 고고학적 자료가 아니라, 공관복음서라는 자료더미 속에서 신학자들의 이성적 사유에 의하여 150년이라는 세월을 경유하면서 캐내어진 자료라는 것이다. 많은 사람들이, 기존의 빤히 들여다볼 수 있는 자료 속에 내포되어 있는 자료를 발견한다는 사실이 뭐가 그렇게 새로울 수 있느냐고 반문할지 모른다. 그러나 Q자료의 발굴은 문자 그대로 하나의 혁명이었다. 그것은 AD 70년 이전에 존재했다는 사실이 보장되는 확고한 문헌이며, 같은 문헌이라 할지라도 그것이 놓여지는, 즉 편집되는 맥락에 따라 얼마나 해석이 달라질 수 있는가를 보여주는 전혀 다른 복음의 출현이었다. 그것은 유대교와 초기기독교의 "미싱 링크"(missing link)를 연결할 수 있는 원초적 자료였으며, 역사적 예수의 진면목을 보여주는 순결한 자료였다. 그것은 신약성서 내에 엄존하는 기독교 이전(pre-Christian)의 예수운동(The Jesus Movement)의 기록이었던 것이다. 그 자료의 성립시기는 하한선이 AD 50년이 되며, 아마도 그 프로토텍스트는 예수 당대에 쓰였던 일종의 교훈지침서(instruction book)이었을 가능성까지도 논구되고 있다.

1907년 베를린대학의 교회사·신학교수인 아돌프 폰 하르낙(Adolf von Harnack, 1851~1930)은 Q자료를 희랍어 원문으로 재구성하는 데 성공했다. 『예수의 어록』(*Sprüche und Reden Jesu*)이라는 책 속에서 Q희랍어 원문뿐만 아니라 Q의 어휘표, 문법, 문체, 구성양식과 원래의 순서까지 밝혀 놓았다.

하르낙은 예수의 복음은 교회의 법령이나 교리, 교조와 전혀 무관한 것이며, 복음이 현대사회에서 의미를 지니고자 한다면 "하나님과 그리스도"라는 도그마로부터 완벽하게 해방되어야 한다고 주장했다. 그는 기독교라는 종교는 오직 인간의 역사 속에서 발전하는 과정일 뿐이라고 초기기독교사의 사가로서의 정직한 신념을 굽히지 않았다. 그는 Q자료야말로 그리스도 즉 메시아적 케리그마 형성 이전의 순결한 예수운동의 자료라고 생각했다. 이것은 후에 Q자료를 철저히 종말론적인 케리그마의 소산으로 보는 불트만(Rudolf Karl Bultmann, 1884~1976)의 입장과 대비되는 것이다.

하르낙의 연구가 나온 다음 해, 1908년에 뮐러(G. H. Müller)는 Q자료의 순서와 범위에 관하여 중요한 논의를 제공하였다(G. H. Müller, *Zur Synopse: Untersuchung über die Arbeitsweise des Lk und Mt und ihre Quellen*). 하르낙과 뮐러의 중요한 연구 이래로, 호킨스(J. C. Hawkins, 1911), 하우프트(Walther Haupt, 1913), 스트리터(B. H. Streeter, 1911, 1924), 부스만(Wilhelm Bussmann, 1929), 이스턴(Burton Easton, 1926), 슈미트(Josef Schimid, 1930), 맨슨(T.

W. Manson, 1937), 킬파트릭(G. D. Kilpatrick, 1946) 등의 학자들이 Q와 관련된 훌륭한 연구성과를 제출하였다.

그러나 이러한 연구에도 불구하고 Q자료는 전혀 일반인의 관심의 대상이 되질 않았으며, 신학자들 사이에서도 그 두 자료 가설(TDH)은 대부분 용인했지만, 그것은 어디까지나 가설로만 머물러 있었기 때문에, 가설에만 기초하여 어떤 심각한 논의를 하는 것을 꺼려했다. "내러티브 가스펠"(Narrative Gospel: 예수의 인생 드라마가 서술되는 복음서, "설화복음서"로 번역된다)이 아닌 "세잉스 가스펠"(Sayings Gospel: 예수의 어록만으로 구성되는 복음서, "어록복음서"로 번역된다)을 구태여 설정해야 할 필연적 이유를 발견하지 못했다. 설화복음서의 재미있는 이야기가 모두 제거된 가라사대파편만의 어떤 공허한 텍스트의 존재를 구태여 실존하는 것으로 확정지을 자신이 없었다. 원래 기독교 신학계는 구·미를 막론하고 어느 곳이나 보수적인 성향이 우세하기 마련이다. 도대체 왜 Q와 같은 예수어록이 따로 편집되어야만 하는지에 대한 확고한 물증이 없이는 가설만의 전제로서 Q논의를 계속하기는 어려웠던 것이다.

그런데 뜻하지 않은 곳에서 천지를 굉동시키고도 남을 대사건이 벌어졌다. 1945년 12월, 이집트 나일강 상류의 나그함마디지역 게벨 알 타리프 절벽 바위 밑에 숨겨져 있던 밀봉된 항아리 속에서 대량의 성서 고문서가 발견되기에 이른 것이다. 어린아이들이 사바크(*sabakh*)라는 광물비료를 캐러 나갔다가 우연히 발견한 것이다. 13개의 코우덱스(가죽포장 파피루스책)에 포함된 책은 52종이나 된다. 이것은 쿰란 사해문서의 발견과 더불어 20세기 서구 문헌학의 최대 사건이었다. 사해문서는 주로 구약에 관련되지만, 나그함마디문서는 신약과 관련되는 것이다. 전자가 유대인들의 관심이라면 후자는 기독교인들의 관심이 되어야만 하는 사건이다. 전자가 유대인들의 경전에 관한 문헌학적 이해를 심화시키는 사건이라면, 후자는 기독교인들의 경전에 관한 문헌학적 이해를 혁명시키는 사건이다. 13개의 코우덱스 중 제2 코우덱스의 두 번째로 편집된 문헌이 관심있는 학자들의 집중적인 주목을 받게 되었다. 그 문헌의 말미에 "도마복음서"(*Peuaggelion Pkata Thomas*, Gospel According to Thomas)라는 책제목이 명기되어 있었는데, 바로 이 도마복음서가 Q자료의 실존성을 입증하는 결정적 계기가 된 것이다. 이 나그함마디문서는, 사해문서의 경우도 예외는 아니었지만, 여러 이권의 갈등과 그에 얽힌 인간들의 탐욕 때문에 일반공개가 지연되었다. 그러나 도마복음서만은 그 중요성 때문에 비교적 빨리 세상에 공개되었다. 쀠에쉬(Puech), 뀌스펠(Quispel), 귈로몽(Guillaumont) 등 학자들의 노력으로 1959년에 출판되었던 것이다.

1959년 이래, 도마복음서와 Q자료의 상관관계에 관한 연구는 신학계의 주요한 테마가 되었던 것이다. 도마복음서의 출현으로 Q자료는 Q복음서로서 승격되어 갈 수밖에 없었다. 그것은 AD 50년경에 성립한 교회 케리그마 이전의 초기 복음서였다. 그리고 무엇보다도 그 존재성과 권위가 확고한 문헌이었다.

Q복음서와 도마복음서의 관계를 생각하면 나는 서구 학문의 치열함에 눈물이 핑 돈다. 4복음서는 이미 AD 172년경 디아테사론(*Diatessaron*, "넷을 통하여"라는 뜻)이라는 체제로 묶여 있었고, AD 367년경 아타나시우스가 정경목록을 발표한 이후에도 제롬을 비롯한 많은 성서 편찬자들이 4복음서를 다루었지만, 4복음서의 원래의 충실한 모습을 비록 서로 상충되는 바가 있다 하더라도 조작적인 메스를 가하지 않고 남겨 두었다는 것이 일차적으로 놀라운 일이다. 성문헌이라서 함부로 건드려서는 안된다는 편견이

있었을지는 모르나 하여튼 4복음서의 상호충돌과 상호모순의 편차를 용인하였다는 사실 자체가 문헌학적 인테그리티를 의미한다. 공자의 『논어』만 해도, 노론(魯論)·제론(齊論)·고론(古論) 등 다양한 판본이 있었으나 현재의 『논어』 한 종(種)만 남아있는 상황에 비한다면, 훨씬 더 정직하고 창조적인 여백을 후세에 남겨놓았던 것이다.

근세에 들어서면서 이러한 정직한 사실로부터 공관복음서가 문헌비평의 도마에 오르기 시작했고, 마가의 원형성이 확보됨과 동시에 "두 자료 가설"(TDH)이 등장하였다. 이 가설에 의하여 Q라는 가설적 문헌이 성립하였고, 그 가설적 문헌의 희랍어원형 복원작업까지 이루어졌다. 그런데 반세기 후에 그 문헌이 가설이 아니라는 것을 입증하는 문헌이 코우덱스의 모습으로 우리의 눈앞에 등장한 것이다. 이것을 우리는 서구 인문학의 승리라고 칭찬해야 하지 않을까?

그들 학문방법의 치열함을 우리도 배워야하지 않을
까?

   Q를 처음에 제시한 사람들은 단순히 마태·누가의
중복자료의 범위를 확정짓는 작업으로부터 시작했
겠지만, 그들은 그 중복자료가 놀라운 특성을 가지
고 있다는 사실을 발견하기에 이른다. 그것은 일차적
으로, 세례요한의 말도 약간 끼어있고 비유나 상황
설정이 가미된 "선언문 이야기"(아포프테그마)도 들어
있기는 하지만, 예수의 어록형식, 즉 예수가라사대
파편만으로 이루어진 문헌이라는 사실이었다. "가라
사대파편만"이라는 사실이 뭐 그다지 중요하냐고 묻
겠지만, 가라사대파편만으로 이루어진 문헌에는 일
체의 예수 이야기, 즉 예수 인생설화의 모든 언어가
사라진다는 엄청난 사실이 야기된다. 즉 예수의 탄생
도, 가족이야기도, 갈릴리 사역도, 예루살렘 호산나
입성도, 성전전복이야기도, 수난이야기도, 재판이야

기도, 십자가죽음이야기도, 부활이야기도, 일체의
이적이야기도 다 사라져 버린다는 것이다. 이러한
탄생—수난—죽음—부활의 모든 이야기가 빠져버린
기독교, 이런 이야기가 빠져버린 예수, 그러한 신화
와 기적과 전혀 무관한 예수 자신의 복음서를 상상
한다는 것은 성서 속에 엄연히 내재하는 또 하나의
성서를 제시하는 사건이었고, 그것은 공포였다. 그
러나 하르낙 같은 Q를 복원한 사상가들은 이 Q야말
로 진정한 예수의 모습이며, 마가가 제시하는 예수
생애 내러티브는 희랍비극 장르를 종교적 수난설화
로 변형시킨 픽션에 불과하다고 보았다. 과연 예수가
빌라도 총독에게 재판을 받았는가? 과연 요한복음이
기술하고 있듯이 그토록 상세한 빌라도 총독과 예수
와의 대화가 재판기록으로 남아있었을까?

한국기독교인들은 이러한 Q의 어필이 기독교의
본질을 흐리게 하지 않을까? 예수를 교리적 예수에

서 역사적 예수로 전환시킨다는 사실이 예수를 지나치게 인간화시키고 그 신비감을 상실시킨다면, 하나님의 아들이신 예수를 신앙한다고 하는 그 소이연이 과연 어디에 있을 수 있겠냐고 반문할지 모른다. 그러나 그것은 우문(愚問)에 지나지 않는다. Q속에도 예수는 자신을 "하나님의 아들"로서 규정하는 자기인식이 포함되어 있다. 그리고 묵시적 암시를 내포하는 파편도 있다. 그러나 우리가 성서의 신비스러움으로부터 신앙을 얻는다고 하는 것 자체가, 탄생, 죽음, 부활, 이적과도 같은 신화적 이야기 때문이라고 한다면, 빌라도 총독 같은 무심한 로마관리의 재판 때문이라고 한다면, 그것은 정말 하찮은 신앙이다. 복음서를 읽는다는 것은 바로 복된 소식의 영혼을 전달받는 것이다. 그 메시지의 논리적 구조나 도덕적 명령 때문만은 아닌 것이다. Q는 "살아있는 예수"의 직접적 말씀이다. 살아있는 예수는 아직 죽지 않은 예수다. 그것이야말로 신비의 원천이며 신앙의 연원이며 산문이 아닌 시적인 영감이다. 그것은 논리적 분석의 대상이 아닌, 성스러움의 심연이다. 그 말씀을 총체적으로, 순수하고 순결하게, 그러니까 신화적 허세나 우회적 언어희롱을 뛰어넘어서 곧바로 예수의 삶의 진실과 맞부닥치는 체험을 얻을 때만이 우리는 진정한 크리스챤이 될 수 있는 것이다.

우리는 우리의 일상적 가치를 전도시켜서 살아있는 예수를 곧바로 대면하고 직시하고 해후해야 한다. 그러한 해후야말로 신화적 안락에 안주하는 진부한 목회자의 설교를 역전시키는, 보다 고난에 찬, 보다 도전적인, 보다 창조적인 신앙역정인 것이다. 예수의 성스러움은 바로 그의 말씀에 내재하고, 우리는 그의 말씀에 허례허식을 거치지 않고 동참할 때만이 우리 자신의 삶의 성스러움에 도달할 수 있게 되는 것이다. 종교적 경이는 상투적 신앙형식에 있는 것이 아니라 인간적 상황에 관한 천착과 가치역전에 내재하는 것이다.

도마복음서는 어떤 모습이었나? 그것은 놀라웁게
도 Q자료의 가설과 일치하는 모습이었다. 일체의 내
러티브가 없는 114개의 가라사대파편만의 모음집이
었던 것이다. 그리고 놀라운 것은 도마복음서 내용과
Q복음서 내용이 35%나 정확히 일치한다는 사실이
었다. Q처럼 도마복음서도 예수의 탄생, 수난, 죽음,
부활, 그리고 이적과 같은 일체의 허세가 없는 순결
한 지혜의 담론만으로 가득차 있었다. 그런데 더 재미
있는 사실은 Q에는 불트만이 그의 『공관복음서전승
사』에서 주장하듯이 종말론(eschatology)을 암시하는
언어들이 있으나, 도마복음서에는 일체 종말론적 암시
가 없는 것이다. 그래서 로빈슨(James M. Robinson)
은 도마복음서를 "로고이 소폰"(*logoi sophōn*), 즉 지
혜자의 담론("words of the wise," or "sayings of the
sages")이라고 규정하였다. 그는 그것을 유대교의

지혜문학(Jewish Wisdom literature)과의 연계선상에서 이해하였다. 그러나 사실 "로고이 소폰"은 인도로부터 페르시아, 메소포타미아, 팔레스타인, 소아시아, 희랍, 이집트에 이르는 헬레니즘문명권의 개방된 문화교류의 한 보편양식으로서 이해해야 할 것이다.

자아! 다시 한 번 우리의 논의를 쉽게 이해될 수 있도록 정리해보자! Q는 세 공관복음서의 문헌적 특성에 의하여 가설적으로 전제된 문헌이었다. 그것은 어디까지나 가설적 문헌(a hypothetical document)이었기 때문에, 그것이 혁명적 의미를 내포함에도 불구하고, 소수 신학자들의 연구영역에 묻혀있었을 뿐 그 리얼리티는 일반화될 길이 없었다. 그런데 1945년 12월 이집트 나일강 상류의 어린아이들의 곡괭이에 부딪혀 우발적으로 발견된 도마복음서의 출현은 Q라는 문헌이 가설만으로 그칠 수 없다는 것을 실증시켜 주었다. Q는 가라사대파편만으로 이루어진 하나의 복음서였는데, 실제로 그와 같은 동일한 양식의 가라사대파편 복음서가 완정한 하나의 책으로서 우리 눈앞에 등장한 것이다. 그렇게 되면 도대체 어떤 변화가 일어나는가?

우선 가라사대파편만으로 이루어진 어록복음서 (sayings gospel)가 마가로부터 시작된 설화복음서 (narrative gospel) 이전에 실존한 하나의 복음양식이라는 것이 입증되는 것이다. 도마복음서에 의하여 Q는 Q복음서로서 실존하였던 독립자료라는 것이 입증되고 따라서 역으로 Q복음서에 의하여 도마복음서의 가치가 입증되는 것이다. 다시 말해서 Q복음서와 도마복음서는 모두 설화복음서 이전에 실존하였던 예수논어의 다양한 작품들이 되는 것이다. 그런데 과연 Q가 Q복음서로서 새롭게 인식된다는 사실은 무엇을 의미하는가? Q자료가 단순히 가라사대파편들의 "랜덤 컬렉션"(random collection, 무작위적 모음)이 아니라, 주제별로 "그루핑"(grouping)이 가능하며, 또 그 그루핑된 파편들의 서열이 또 하나의 거대한 주제를 전하는 또 하나의 복음서란 말인가? 많은 학자들이 Q의 서열이 무작위적인 것이 아니라 분명한 의도를 지니고 편집된 것이라고 생각한다. 그렇다면 그 의도는 무엇인가? Q복음서를 창출해낸 Q공동체가 있을 것이고 이 Q공동체의 어떤 신념체계가 반영되었다고 보는 것이다. 그리고 그러한 신념체계는 이미 후대의 설화복음서의 가능성을 내포하는 것이라고 간주하는 것이다. 그러나 이런 방식으로 Q를 이해하면 Q의 존재의미가 약화될 수도 있다. 다시 말해서 Q복음서의 가치는 설화복음서 이전의 순결한 말씀모음집이라는 사실에 있는 것인데, 오히려 후대의 설화복음서의 가치체계속에 다시 Q복음서를 파묻어버리는 결과를 초래할 수도 있다는 것이다. 그리고 Q공동체와 마태공동체를 연속된 하나의 전체로서 파

악하는 시각에 대해서도 나는 지극히 회의적이다. 아
무리 고고학적 발굴의 성과를 가지고 그러한 가설을
입증하려 해도 그것은 어디까지나 가설에 그칠뿐이며
대부분 그 논리는 견강부회를 벗어나지 못한다. 하여
튼 이러한 문제에 관하여서는 매우 복잡한 논의들이
있다. 이 복잡한 논의들, 다시 말해서 Q복음서의 성
격과 주제를 접근하는 다양한 시각들에 관해서는 클
로펜보르크의『Q의 형성』과 버튼 맥의『잃어버린 복
음서』를 참고하는 것이 좋을 것이다(John S.
Kloppenborg, *The Formation of Q: Trajectories in
Ancient Wisdom Collections*. Harrisburg, PA:
Trinity Press International, 1999. Burton L. Mack,
*The Lost Gospel Q: The Book of a Christian
Origins*, N.Y.: HarperSanFrancisco, 1994. 김덕순
옮김,『잃어버린 복음서』, 서울: 한국기독교연구소, 1999).

그러나 나는 그와 같은 논의에 별로 크나큰 의미를

두지 않는다. Q복음서는 그 나름대로 완정한 하나의 유기적 전체이며, 어떻게 접근을 하든지간에 그것은 예수의 말씀일 뿐이며, 그 말씀은 읽는 사람의 관점에 따라 다양한 해석이 무한히 가능하다고 생각하기 때문이다. 나는 가급적인한 후대의 케리그마나 기독교적인 가설에 의존치 않고 순수한 "예수운동"의 반영으로서 Q를 순결하게 읽으려고 노력했다. 말씀은 말씀으로서 그냥 읽는 것이 좋지 않을까?

우리는 Q복음서의 존재를 재인식하게 되면서 자연히 Q복음서를 생산한 Q커뮤니티를 상정하게 된다. Q커뮤니티가 어떠한 성격의 것이었는지, 그것이 엣세네 쿰란공동체와 같은 치열한 조직공동체였는지, 아니면 역사적 예수를 사모하는 상식적인 사람들의 보이지 않는 휴먼 네트워크였는지, 그렇지 않으면 어떤 시나고그와 같은 구심점을 가진 집회조직이었는지, 도무지 확정적으로 규정할 길은 없다. 그러나 Q복음서를 생산한 사람들은 최소한 예수의 탄생과 죽음과 부활이나 이적 같은 이야기에 그들의 믿음을 근거하는 신앙공동체의 사람들은 아니었다는 것이다. 그들은 살아있는 예수의 지혜로운 가르침을 인생의 교훈으로 삼고 살아가는 건강한 상식인들이었다. 그들에게는 예수가 메시아라는 생각이 없었으며, 예수가 십자가에 못 박혀 죽음으로 인하여 나의 죄가 대속된다고 하는 황당한 생각이 없었다. 그들은 예수운동(The Jesus Movement)의 낙관적 열망에 신념을 가진 사람들이었다. 예루살렘 멸망 이후의 긴박하고도 비극적인, 존재상실의 비관적 색채가 별로 없었다. 그러니까 그들은 기독교도가 아니었다.

우리는 예수 죽음 이후의 상황을 너무 설화복음서(narrative gospel)의 이야기를 중심으로 생각하기 쉽다. 그러나 그 역사적 진실은 추적하기가 어렵다.

그리고 "12제자"라고 하는 개념도 마가복음 저자의 창작으로부터 시작된 관념이 통념화된 것일 뿐, 역사적 진실일 수는 없다. 예수라는 사람이 12제자라는 좁은 동아리 속에서 행동한 사람일 수 없으며, 더구나 처음부터 12제자를 뽑아 그들에게 특별한 권위나 권능을 부여했다는 것도 예수 사상에 어긋나는 것이다. 12제자라는 것 자체가 불트만의 말대로 종말론적 케리그마를 전제하지 않고서는 성립할 수 없는 것이다.(불트만은 Q자료의 범위를 잘못 설정하고 있기 때문에 12제자에 관한 에스카톨로지를 Q자체에 귀속시키지만 그것은 설득력이 없다.) 12제자는 유대인 12지파를 상징한 것이고, 재림의 시기에 12제자가 12지파의 옥좌에 앉게 되리라는 파루시아 사상을 전제로 한 것이다.

더구나 사도행전은 그 제목이 사도행전일 뿐 실제로는 바울행전일 뿐이다. 바울의 전도여행을 중심으로 기술되어 있는 것이다. 그래서 이러한 바울 전도여행의 강렬한 그림 때문에 아주 중요한 시기, 즉 예수 사후 직후로부터 전개된 기독교운동의 역사가 바울적 그림으로 도배질당해 있는 것이다. 30년대로부터 60년대의 기독교운동사가 모두 바울의 활약상이나 예루살렘교회, 안티옥교회의 특수한 사례에 국한되어 있는 것이다.

  그러나 바울은 유대인이기는 하지만 로마시민권의 소유자이며, 정통적 희랍문화권의 소양에서 자라난 사상가로서 그는 매우 신화적 비젼의 소유자였다. 바울은 우선 역사적 예수를 모른다. 그에게는 갈릴리지평의 풍진 속에서 민중들과 헤매는 예수의 이미지가 전무하다. 그는 예수 개인신상에 관한 일체의 정보를 언급하지 않는다. 바울은 예수가 어디서 태어났고 어디서 성장했고 어디서 활약했는지에 관해 일체 몰랐을 수도 있다. 그가 만난 예수는 다메섹(다마스커스)으로 가는 도중에 음성으로 들려온 부활의 예수며, 비젼의 예수며, 특별한 권능의 예수다. 바울은 역사적 예수의 말씀에 의거한 것이 아니라, 그 자신의 신화적 비젼 속에서 예수의 부활을 체험했다. 그리고 예수의 죽음과 부활을 철학적으로 실존적으로 해석했다. 그가 예수의 죽음과 부활에 대한 실존적 의미에 매달리게 된 것은 아마도 그가 회심하기 전에 스테판 (Stephen)과 같은 기독교운동가들을 탄압하는 중 그들의 용감한 순교장면을 목격하면서 받은 충격과 그들의 설교에 대한 자기성찰 때문이었을 수도 있다. 그러나 그는 다메섹 도중의 회심사건 이후에도 그 회심의 정당성을 예수의 사도로부터 인가받은 것이 아니다. 그는 최소한 3년 동안 아라비아사막에서 고독한 수행의 기회를 가졌다. 모세가 40년 시내광야를 방황하면서 하나님의 음성을 들은 것이나, 예수가 40일 동안 유대광야에서 시험을 받은 것과도 똑같은 어떠한 신적 비젼을 획득하는 고독한 실존의 비상을 체험한 것이다. 그러나 바울의 비전은 철저히 기독론적(Christological)인 것이다. 바울은 부활한 예수의 사도였으며, 예수 부활의 실존적 의미를 헬라철학적 맥락에서 전파하는 기독교의 이방사도였다. 그의 기독교는 헬라화된 기독교(Hellenistic Christianity)였으며, 그는 명실공히 기독교신학의 창시자(the founder of Christian theology)라고 말할 수 있다. 그는 예수의 천국신포 대신에 하나님의 의(the righteousness of God)를 선포했다.

바울의 전도여행시기와 겹치는 시기에 Q복음서를 만든 사람들은 활약하고 있었다. 그러니까 바울의 전도여행시기에도 Q커뮤니티, 그리고 그와 유사한 수많은 커뮤니티의 사람들이 전혀 다른 성격의 예수운동을 전개하고 있었던 것이다. 그들은 예수의 탄생과 죽음과 부활이 관심의 대상이 아니었다. 살아있는 예수의 가르침만이 문제되었던 것이다. 그들의 심상 속에는 예수의 십자가가 존재하지 않았다. 그들이 사랑했던 것은 살아있는 예수가 그들의 삶에 예시한 실천의 도(道, the Way)였다. 예수가 설파한 길은 양면성을 지니고 있었다. 그것은 현자(賢者)의 길이었고 우자(愚者)의 길이었다. 그것은 좁은 길이었고 넓은 길이었다. 그것은 삶의 길이었고 죽음의 길이었다. 이 중에서 우리가 어떤 길을 선택하는가 하는 것은 예수가 가르치는 천국을 우리가 얼마나 바르게 이해하는가에 달린 것이다.

죽음과 부활의 신화적 세계는 사실 헬레니즘의 미스테리컬트나 그 이전의 중동지역이나 이집트문명의 모든 신화양식에 만연되어 있는 진부한 상식이다. 그와 관련된 정화의 제식이나 성찬의식, 이 모두가 기독교라기보다는 기독교화된 이방문명이다. 기독교에서 이러한 신화적 이방문명의 컬트를 탈색시키고 나면 오히려 우리는 예수교(예수의 가르침)를 얻는다. 기독교로부터 바울의 케리그마를 탈색시킬 때 오히려 우리는 예수교를 발견한다. 불트만이 갈망한 비신화화(demythologization)를 논구할 필요조차 없는 케리그마 이전의 순결함을 우리는 Q복음서나 도마복음서의 진면(眞面)에서 발견하게 되는 것이다. 그러나 이러한 Q복음서나 도마복음서의 진실은 결코 예루살렘멸망 이후의 험난한 현실을 견디어내기에는 역부족이었다. 그러니까 마가라는 천재는 어록복음서(sayings gospel)와 바울의 케리그마적 흐름, 그리고 이적설화, 신화적 담론, 제식담론 등을 종합하여 새로운 설화복음서(narrative gospel)를 창안해내었던 것이다. 그것은 드라마적 감동과 함께 새로운 기독교운동에 박차를 가했다. 그것은 절망의 심연에 던져진 새로운 묵시론적·종말론적 희망이었다. 그러면서 예수운동은 예수교에서 기독교로 변질되어간 것이다. 기독교는 불트만의 말대로 철저히 케리그마의 소산이다. 케리그마란 철저히 교회를 전제로 한 것이다. 교회란 부활에서부터 출발하는 사건이다.

도마복음서와 Q복음서가 초기예수운동의 실체에 가까운 리얼리티로서 우리에게 다가오기 이전에는, 공관복음서의 중심에는 암암리 마가복음이 그 원형으로서 자리잡고 있었다. 마태와 누가의 위치는 그것에 비한다면 아무래도 2차적인 것으로 마가복음의 개정증보판적인 성격을 면할 수 없었다. 그러나 Q복음서의 등장으로 우리는 마태와 누가를 마가 이전의 진실한 자료의 담지자로서 새롭게 평가하게 된다. 마태와 누가는 마가의 자료에 가라사대복음서를 첨가시켰던 것이다.

일례를 들면, 타가와(田川建三) 같은 사람은 그의 저서 『原始그리스도교研究』에서 마가복음이야말로 갈릴리지평에서의 역사적 예수의 원래 모습에 가장

가깝게 다가가는 작품으로서 그 원형성을 높게 평가
하려고 애썼다. 그러나 도마복음서의 발견으로 인하
여 리얼한 복음서로서 재평가된 Q복음서의 입장에
서 본다면 마태와 누가가 오히려 역사적 예수의 모습
에 더 가깝게 간다고 말할 수 있게 된다. 마가야말로
그의 내러티브 속에서 신화적 예수의 픽션을 마음껏
발휘한 진정한 창작자일 수가 있는 것이다. 불트만은
일찍이 이러한 문제를 그의 『공관복음서전승사』에
서 통찰력 있게 간파하고 있다.

> 우리가 본 바에 의하면 동시에 예수 생애
> 서술이기도 한 "복음서"(유앙겔리온)를 쓴
> 첫 시도자가 마가라는 사실은, 마태와 누
> 가에 있어서보다 마가에 있어서 신화적 요
> 소가 더 강하게 나타난다는 사실과 일치한
> 다. 마태와 누가에도 이적적인 것이 고조
> 되고 새로운 신화적 요소가 끼어들었지만

역시 이들의 전체적 윤곽에서는 그리스도 신화가 지상에서 활동한 예수상(像) 뒤로 후퇴되고 있는 것을 알 수 있다. 즉 마태는 대체로 예수를 지혜로운 선생으로서 묘사했고, 누가는 처음부터 "복음서 기자"이며 또 동시에 역사가로서 자기 사명을 파악했다. 마가가 아직 받아들이지 않은 유일한 그리스도신화의 주제는 예수의 선재설이다. 이 교리적 사상이 예수의 생애 서술과 쉽게 연결될 수 없었던 것은 분명하다. 요한에게 와서 비로소 이것은 그 나름으로 가능하게 되었다.(루돌프 불트만, 허혁 역, 『共觀福音書傳承史, *Die Geschichte der synoptischen Tradition*』, 서울: 대한기독교서회, 1981, p.433).

Q를 사용한 자세도 마태와 누가가 각기 다르다. 마

태는 Q의 어록자료를 분해하여 마가의 줄거리에 잘 맞는 장면 장면에 안배시켰다. 그러니까 마태는 자신의 복음사관 속에서 Q에다가 색깔을 입혔다. 그러나 누가는 마가의 줄거리를 근거로 적당한 곳에 어록자료를 삽입시킨 것이 아니라, 전체적으로 블록화 시켜서 두 자료를 교대 교대로 나란히 나열시켰다. 따라서 누가의 Q가 마태의 Q보다는 Q의 원래모습에 대체적으로 더 충실한 것으로 평가되고 있다. 그러나 달란트의 비유파편이나 기타 파편에 있어서 마태의 Q가 더 담박한 원형을 과시할 때도 많다.

그리고 우리가 주목해야 할 것은 Q복음서 자체 내에는 도마복음서보다 더 다양한 성격의 말씀들이 내포되어 있다는 사실이다. Q복음서의 일차적 성격을 지혜담론으로 규정할 때, 그리고 초기기독교회의 케리그마 이전의 사태로 규정할 때 많은 문제가 발생한다는 사실이다. Q복음서 내에는 "人子담론"도 들어와 있으며 종말론적 암시를 나타내는 많은 어록이 포함되어 있다. 대체적으로 Q의 내용은 다음의 세 가지 카테고리로 분류된다.

제1의 카테고리는 지혜로운 가르침(wisdom teaching)이다. 이것이야말로 Q의 본령이며 Q의 대부분을 차지한다. 그것은 인간이 이 현세 속에서 어떻게 살아갈 것인가, 그 길, 즉 도(道, the Way)를 예시하는 것이다.

제2의 카테고리는 충돌담론과 심판담론(conflict and judgment sayings)이다. 충돌담론은 그가 살고 있었던 시대의 가치관이나 특정 그룹들의 행동양식을 강렬하게 비판하는 문명비판론자적인 담론이다. "이 세대"(this generation)에 대한 저주와 책망이 그 주제를 이룬다. 그러한 책망은 당연히 종말론적 성격을 띠게 된다. 그리고 예수는 매우 래디칼한 사회비판자였으며 부와 권력을 소유한 자들의 부패스러운 모습을 역겨워했다. 심판담론이란 하나님의 심판이 곧 다가오리라는 예언자적 협박이다. 이러한 예언자적 협박을 기독교인들은 무조건 묵시론적 담론으로 이해한다. 그러나 이것은 예수어록의 텍스트를 단장취의하는 오류일 수가 있다. 하나님의 심판이 곧 시간의 종말, 우주의 종말을 의미하는 것은 아니다. 종말론을 묵시문학의 종말과 반드시 일치시킬 필요는 없다. 하나님의 심판은 우주의 종말의 순간에 내려지는 것이 아니라 역사 속에서(within history) 이루어지는 심판인 것이다. 그것은 히브리 바이블 속에서 면면히 내려오는 전통이었다. 하나님의 심판은 역사 속의 인간의 죄악에 대한 심판이며, 그것은 인간의 끊임없는 자성을 요구하는 실존적 현재사건인 것이다.

제3의 카테고리는 예수가 자신의 체험을 스스로 고백하는 내러티브적 담론이다. 사탄의 유혹과 그에 대한 예수의 반응이 말씀으로 제시되어 있다. 그리고 그 자신의 자기인식에 관한 담론이다. 자신을 하나님 아버지의 아들로서 인식하는 이러한 담론들은 대개 기독론적이고 종말론적으로 해석할 수 있는 여지를 지닌다.

제3의 카테고리는 아주 소량의 것이기 때문에, 문제가 되는 것은 역시 제1의 카테고리의 지혜담론과 제2의 카테고리의 묵시담론일 것이다. 전통적으로 예수를 인식하는 방법에서 가장 중요한 핵심 중의 하나가 후대 기독교 교회의 묵시론적 성향이 이미 갈릴리의 예수라는 역사적 실존 속에 내재하는 것으로 파악하는 것이었다. 역사적 예수 자체가 묵시론적 성향의 사상가였다는 것이다. 그러나 Q복음서의 연구는 역사적 예수가 일차적으로 지혜담론의 사상가였을 뿐이며, 묵시담론은 후대의 발전으로 볼 수밖에 없다는 것을 거의 확정짓는다. 다시 말해서 초기기독교의 형성사를 묵시담론에서 지혜담론으로 발전한 것으로 볼 수 있는 가능성이 희박해진다는 것이다. 역시 지혜 담론에서 묵시담론으로 발전한 것으로 보아야 한다는 것이다. 따라서 클로펜보르크(John S. Kloppenborg)는 제1 카테고리와 제2 카테고리를 상충되는 것으로 보는 것이 아니라 Q복음서 형성의 단계를 나타내는 것으로 보아 역사성을 도입한다. 제1 카테고리(Q_1)가 AD 50년경에 성립한 프로토텍스트가 될 것이고 제2 카테고리(Q_2)가 AD 50년대 후반이나 60년대 초반에 성립한 호교론적 성격의 텍스트가 될 것이다. 제3 카테고리(Q_3)는 그 이후의 첨가가 될 것이며 그것은 새롭게 등장하는 기독론적 신념 (emerging Christological beliefs)을 반영하는 층대가 될 것이다.

Q_1	지혜담론	Sapiential
Q_2	심판담론	Apologetic
Q_3	기독담론	Christological

모든 고문헌이 다이내믹한 형성과정을 거친다는
것은 사계의 정론일 수도 있지만, Q복음서를 이렇
게 세 카테고리로 나누어 형성단계로서 안배한다는
것이 과연 정당할까 하는 것은 우리에게 끊임없는
회의감을 던져준다. 나는 Q에 나타나는 예수의 말
씀을 하나의 유기적 전체로 파악하는 것이 가장 정
당하다고 생각한다. 그리고 그러한 단계론적 전제
가 없이 Q를 이해할려고 노력하였다. 칼 맑스의 역
사발전단계론의 허구성을 우리가 인식할 줄 안다면
기독교형성사에 관해서도 그러한 구획적 개념의 정
당성에 대해 우리는 끊임없는 회의를 던져야 한다.
그러나 물론 학문적 분석의 다양한 시각을 참고하
는 것도 우리의 유기적 이해를 풍요롭게 만드는데
기여할 것이다.

일차적으로 지혜담론의 스승으로서 역사적 예수를
이해하는 시각을 거부하는 많은 사람들의 편견 속에

는 갈릴리라는 지역의 역사적 특수성을 망각하는 오류가 내재해있다. 당시 갈릴리는 어느 체제에도 속해 있지 않았다. 그리고 갈릴리는, 기독교인들이 설화복음서의 상식적 담론에 따라 전제하는 것처럼 "이스라엘"이라고 하는 아이덴티티를 가지고 있지 않았다. 그것은 예루살렘 쪽의 유대사회에 예속된 연속체가 아니라, 드넓은 그리스·소아시아·페니키아·메소포타미아·페르시아·인도 지역과 시리아 지역, 트랜스요르단 지역, 그리고 남방의 사마리아와 예루살렘을 연결하는 교차지였고, 완충지였으며, 온갖 문명과 인종이 혼합된 문명혼성지대였다. 그리고 이들은 왕이나 특정 신에 대한 예속감, 충성심이 별로 없었다. 그리고 알렉산더대왕 이후에 이 지역은 희랍모델을 따라 만든 새로운 도시들로 가득 차게 되었으며, 우리가 생각하는 것보다는 문명의 첨단을 흡수한 개명한 지역이었다. 예수가 활약한 시기까지 이미 300여 년 동안 헬레니즘문화가 휩쓸었던 것이다. 희랍식 도시, 극장, 김나지아, 스포츠 센터, 학교, 학원들이 성행했고, 헬레니즘학파, 견유학파(Cynics), 스토아학파(Stoics), 에피큐리아니즘(Epicurians), 회의론자들(Skeptics)과 같은 온갖 자유로운 사상가들이 나래를 폈다. 해몽가들, 신탁론자들, 점성술사들이 소피스트들처럼 갈릴리지역에서 활약했으며 이들은 카리스마를 지닌 영적 지도자들로서 끊임없이 방랑하는 삶을 살았다. 그리고 그레코·로망시대의 특색 중의 하나가 다양한 친목공동체(*koinoniai*), 축제공동체(*thiasoi*)의 성행이었다. 그리고 철학과 문학에 대한 열렬한 관심들이 피어났다. 이러한 시대적 배경을 고려하면서 우리는 예수라는 지혜담론의 위대한 스승을 생각해보아야 한다. 그를 따르는 무리는 이미 국제화된 민중이었다. 그가 단순히 감자바위 동네만 감도는 시골뜨기 천재는 아니었을 것이다. 예수와 갈릴리를 그렇게 파악하는 시선은 모두 예루살렘의 수난중심으로 예수인생을 드라마타이즈시킨 설화복음서의 영향이다. 갈릴리, 그리고 예수는 예루살렘 중심의 가치체계에 예속된 그러한 존재가 아니었다.

이제 마지막으로 우리는 Q복음서 텍스트 그 자체에 관해 이야기해야 한다. Q텍스트는 마가자료를 제외한 마태와 누가 속에 공동으로 들어있는 자료이다. 그렇게 되면 마태와 누가 텍스트를 비교하여 문자 그대로 겹치는 부분(the verbatim and near-verbatim Mattew-Luke agreements)을 적출하면 Q의 최소한의 텍스트가 나올 것이다. 이것을 Q의 미니말 텍스트(the minimal text of Q)라고 하자. 그러나 이 미니말 텍스트를 가지고서는 텍스트구성이 어렵다. 문맥이 형성되지 않는다. 따라서 문법적으로 온전한 문장을 형성하기 위해서는 마태와 누가 텍스트가 편집·개정한 부분을 비교하여 가장 중성적인 어떤 문맥을 구성해 내야 한다. 이 부분은 "일반적으로 용인되는 Q의 범위"(the generally accepted extent of Q)가 될 것이다.

그리고 마태나 누가 한 편에만 나오거나, 마가·마태, 누가에 모두 같이 나오는 것 중에서도 학자들이 Q자료범위로 넣을 수 있다고 생각하는 것들이 있다. 그것은 "가능한 Q의 범위"(the probable and possible extent of Q)가 될 것이다. Q복음서 텍스트에 관해서는 국제Q프로젝트(IQP. The International Q Project)가 1989년에 결성된 이래 많은 연구가 진척되어 왔다.

대체적으로 Q에 관해서는 클로펜보르크가 확정지은 텍스트가 가장 보편적으로 쓰이고 있다. 내가 참고한 책들을 소개한다.

1. John S. Kloppenborg. *Q Parallels: Synoptic, Critical Notes, & Concordance.* Sonoma: Polebridge Press, 1988.

2. James M. Robinson, Paul Hoffmann, John S. Kloppenborg, ed. *The Sayings Gospel Q in*

Greek and English: With Parallels from the Gospels of Mark and Thomas. Minneapolis: Fortress Press, 2002.

3. John S. Kloppenborg, Marvin W. Meyer, Stephen J. Patterson, Michael G. Steinhauser. *Q Thomas Reader.* Sonoma: Polebridge Press, 1990.

그러나 나는 나 나름대로 희랍어원문과 영역텍스트 등, 그리고 우리말성경들의 다양한 판본들을 참조하면서 Q가 한국인의 일반대중에게 쉽게 인지될 수 있도록 새롭게 분장(分章)하고 텍스트를 재구(再構)하였다. 내가 Q텍스트에 관하여 기준으로 삼은 책은 하기의 것이다. 마크 파우·웰슨(Mark Powelson)과 레이 리거트(Ray Riegert)의 작업은 나에게 주요한 지침이 되었다.

Thomas Moore Intro., Marcus Borg Consulting Editor, Mark Powelson and Ray Riegert Editors. *The Lost Gospel Q: The Original Sayings of Jesus.* Berkeley: Seastone, 1996.

나는 Q복음서를 번역하는데 대한성서공회의 개역한글판 신약전서와 공동번역판 성서를 참고하였다. 항상 느끼는 것이지만 개역한글판의 우리말은 비록 의미전달이 어려울 때가 있기는 하지만 참으로 아름다운 우리말이라는 것을 명기해 둔다. 그리고 나의 우리말 번역은 Q텍스트와의 축어적(逐語的) 일치성보다는 의미의 역동적 상응성(dynamic equivalence)을 중시하였고, 맥락적 일치를 중시하였다. 그리고 그 맥락이 현재의 한국인 독자들의 의미체계 속에서 이루어져야 한다는 원칙을 고수하였다.

헌정(獻呈)

　동·서를 막론하고 Q복음서가 일반에게 공개되는
일은 거의 없었다. 그것은 학자들의 담론 내에서만
머물렀다. Q복음서가 지니는 가설적·혁명적 성격
때문에 일반에게 노출되는 것을 꺼려하는 심리가 서
구신학계에도 지배적이었다. Q가 도대체 어떻게 생
긴 것이냐? 일반인들이 그것을 고구(考究)할 방도가
별로 없었다. 그런데 도마복음서가 출현하면서 세상
이 변했다. 그만큼 도마복음서의 출현은 혁명적 변화
를 가져왔다. Q를 보다 자신있게 말하기 시작하였고
그 참 예수의 참 말씀을 일반에게 전해야겠다는 사
명감이 학자들 사이에서 일어나기 시작하였다. Q의

대중판(popular edition)이 나오기 시작한 것은 1990
년대 후반의 사건이었다.

나 도올은 Q복음서를 평범한 한국인들이 쉽게 이
해할 수 있도록, 소개하는 사명을 지니게 된 것을 행
복하게 생각한다. 어머니로부터 물려받은 신앙의 한
결실이라고 해야 할까? 하여튼 "엄마생각"이 간절해
진다. 나의 어머니는 새벽기도를 한 번도 거른 적이 없
는 신앙인이었지만 나의 사상편력에 관하여 관용을 넘
어서 사랑으로 대해주셨다. 내가 예상치 않게 스님 옷
차림으로 불쑥 나타나도 환한 미소를 지으셨다. 나의
모든 정신적 방황을 하나님께로 다가가는 역정으로만
파악하신 것이다. 도마복음서 제42장에는 다음과 같은
말씀이 있다.

예수께서 말씀하시었다: "방황하는 자가 되라."
Jesus said, "Be wanderers."

큐북음서

Q1 (마 3:1~3, 눅 3:2b~4)

그 무렵에 하나님의 말씀이 유대광야에서 사가랴의 아들, 요한에게 임(臨)하였다. 그는 요단강 부근 각처에 와서 "생각을 바꾸어라. 그리고 세례를 받아라. 그리하면 죄를 용서받을 것이다." 하고 전파하였다. 이것은 예언자 이사야의 책에 기록된 말씀대로였다.

"광야에 외치는 자의 소리가 있어 가로되, 너희는 주의 길을 예비하라. 그의 첩경(捷徑)을 평탄(平坦)케 하라."

―――――――

클로펜보르크는 어록복음서도 하나의 문학양식이므로 도마복음서의 첫머리와 같은 도론(Incipit)이 있었을 것이라고 생각한다: "이것은 살아있는 예수가 말하였고 디두모 유다 도마가 기록한 비밀스러운 말씀이다." 이와 유사한 어떤 첫머리 말이 있었을 것이다. 상기의 제1장(Q1)은 서론(Introduction)에 해당된다.

서양학자들은 섹션(Section)이라는 말을 쓰고 장(章)이라는 말을 쓰

지 않는다. 나는 Q복음서나 도마복음서나 가라사대파편의 분절을
모두 장(章)으로 규정한다. 『노자도덕경』이나 『중용』의 장개념을
생각하면 전혀 어색함이 없다. 특히 『중용』은 공자의 가라사대파편
하나를 한 장으로 삼을 때가 많다.

여기 제시된 "생각을 바꾸어라"는 전통적으로 "회개하라"(Repent,)
로 번역되었던 말인데, 그것은 단순한 오역의 결과이다. 원어가
"메타노이아"(metanoia)인데, 그것은 "마음을 바꾼다"(change of
heart), "생각을 바꾼다"(change of mind)는 뜻으로 인생의 방향과
목적을 회향(回向)시키는 것을 의미한다. "회개"는 "죄"를 전제로
하는 말이며, "메타노이아"를 "회개"로 번역한 것은 후대 교회의
이권과 결탁한 의도적, 관습적 오역일 뿐이며, "메타노이아의 원
의"와 관련이 없다.

예수도 "메타노이아"를 말한다(막 1:15). 그러나 예수는 결코 성악론 자가 아니다. 인간을 죄인으로 규정하는 형이상학적 전제가 예수에게는 없었다. 그는 죄 짓는 사람들(sinful men)을 비판했을 뿐이며 인간의 본성을 죄로 규정한 적이 없다. 예수에게는 성론(性論, theory of human nature)이 없었다. 더구나 원죄(Original Sin)라는 개념도 그에게는 있을 수 없었다. 죄는 시간 속에서 나타나는 인간의 개별적 행위일 뿐이다. 예수에게는 사랑과 용서가 있을 뿐이다. 그러나 "용서"(forgiveness)도 "적당히 봐준다"는 뜻이 아니라, 신의 은총을 통해 새사람이 된다는 뜻이며, 부분적인 것이 아니라 전적인 것이다. 전적으로 새사람됨을 선물하지 못하는 용서는 용서가 아니다.

"회개하라, 천국이 가까웠느니라."(Repent, for the kingdom of

heaven is at hand. 마 3:2)와 같은 표현도 우리가 해석학적 오류를 상식화시키고 있는 대표적인 유례에 속하는 것이다. 여기 "천국"은 장소(*topos*) 개념이 아니다. "왕국"(kingdom)이라는 상투적 표현 때문에 오해가 발생하기 쉬운데, 왕국에 해당되는 원어는 "바실레 이아"(*basileia*)이다. 그것은 장소 개념이기 보다는 "지배"(reign)를 뜻하는 추상적인 개념이다. 마태는 "하늘의 바실레이아"(the kingdom of heaven, 마 3:2)라는 표현을 썼고, 마가는 "하나님의 바 실레이아"(the kingdom of God, 막 1:15)라는 표현을 썼는데, 모두 "하나님(하늘)의 법칙이 지배하는 사회"라는 뜻이다. 전자는 요한의 언어로서, 후자는 예수의 언어로서 기록된 것이지만 양자의 표현에 특별한 구분은 없다. 마 4:17에 보면 예수의 말로서 "하늘의 바실레

이아"가 사용되고 있기 때문이다. 많은 신학자들이 요한의 천국개념과 예수의 천국개념에는 큰 차이가 있다고 지적한다. 요한의 천국은 실체적이고 묵시적이고 미래적인 반면, 예수의 천국은 역동적이고 실존적이고 현재적인 "하나님의 지배"를 선포하는 것이라고 한다. 물론 Q속에 이러한 분별을 정당화시킬 수 있는 자료도 들어있다. 그러나 대체적으로 Q는 세례요한과 예수의 사상적 공통성이나 유대감을 전제로 하고 있다. Q속에 "하나님의 나라"는 예수 선포의 핵심주제로서 지속적으로 나타나고 있다. 그것은 예수의 독특한 세계인식을 나타내는 메시지로서 해석되어야 할 것이다.

그러니까 "회개하라, 천국이 가까웠느니라"라는 선포는 죄를 회개

하면 천당에 간다는 이야기가 아니라, 생각을 바꾸면 곧 내가 사는
이 세상이 하나님의 법칙이 지배하는 세계로 변화할 수 있다는 이
야기가 된다. Q복음서 속의 예수는 초월을 말하지 않는다. 예수는 우
리가 사는 이 땅의 세계를 하늘의 질서로 변혁시키기를 갈구한 영적
리더였다.

제1장부터 제5장까지의 내용은 마가에도 있는 내용이며 따라서
우리가 생각하는 Q원경(原經)의 개념속에 안들어오는 범위일 수
도 있다. 그러나 많은 신학자들이 마가도 Q를 보았을 것이라고 생
각한다. 최소한 Q와 공통되는 어떤 자료를 보았을 것이라고 생각
한다. 그래서 예수와 요한의 관계를 암시하는 이 자료들은 마가이

전의 Q자료에 들어있었을 것이라고 생각하는 것이다. 마가는 예수의 공생애를 출발시키기 위한 영적 서막으로서 이 세례요한 자료를 활용하였으나 대부분의 Q1자료는 외면할 수밖에 없었다. 왜냐하면 마가가 복음서를 쓰는 목적 자체가 수난설화를 창조하기 위한 것이고 또 천국의 신념때문에 박해받고 죽어가는 순교자의 영웅적 이미지를 만들기위한 것인데 Q1의 지혜담론은 그러한 목적으로 활용키에는 부적절했던 것이다. 예수의 지혜로운 가르침으로 인하여 유대교 당국이 그를 십자가에 못박는다는 명분은 정당화하기가 어려웠던 것이다. 그러나 이러한 논의가 전체적으로 얼마나 정당성을 지닐지에 관해서는 독자들이 스스로 판단해야 할 것이다.

무리들이 예루살렘과 유대와 요단강 부근지역으로부터 요한에게 세례를 받기 위하여 왔다. 요한은 그 무리들을 향해 이렇게 외쳤다. "독사의 자식들아! 닥쳐올 징벌을 피하라고 누가 일러 주었더냐? 너의 마음이 진심으로 바뀌었다는 것을 입증할 수 있는 좋은 열매를 내보여라. 그리고 너희들 스스로 내심 '우리들은 아브라함의 자손들이다.'라고 자위하지 말라. 내가 너희에게 이르노니 하나님은 이 돌들로도 아브라함의 자손들을 만들어낼 수 있느니라. 지금 이미 도끼날이 나무뿌리에 닿았으니, 좋은 열매를 맺지 않는 나무는 모두 찍혀 불 속에 던져질 것이다."

무리는 요한에게 물었다. "그러면 우리는 어떻게 해야 하리이까?"
요한은 대답하였다. "옷 두 벌을 가진 자는 옷 없는 자에게 나눠줄 것이요, 먹을 것이 있는 자도 이와 같이 남과 나누어 먹어야 할 것이니라."

여기 무리는 오클로스(*ochlos*)이다. 불특정의 다수, 그냥 민중이다. 마태는 "무리"를 "많은 바리새인과 사두개인"(many of the Pharisees and Sadducees)으로 바꾸었다. Q를 마태의 구미에 맞게 변형시키

는 하나의 좋은 예다. 마태는 Q자료의 "무리"를 거의 다 "바리새인과 사두개인"으로 바꾸었다. 그만큼 구체적인 적대감정, 즉 초대교회의 호교론적 입장을 반영시키고 있는 것이다. Q에는 예수의 바리새인 및 서기관과의 논쟁대화가 전혀 보도되지 않는다.

요한의 "세례"(baptism)는 전통적인 정화의식(purification rite)으로 이해하면 안된다. 그것은 "죄사함"의 의식이며, 유대교의 율법주의의 전면적 부정을 의미하는 것으로 요한의 혁명적 사상을 반영한다. 그것은 메타노이아의 구체적 표현이다. 세례는 요한의 창안이며 요한의 혁명적 운동의 상징인 것이다. 율법을 준수하는 도덕적 행위의 축적으로 구원이 이루어지는 것이 아니라 단 한 번 물 속에 들어갔다 나오는 것으로 전면적 죄사함이 이루어진다는 것은 발상의 혁명이었다. 혁명적인 것인 만큼 혁명적인 "메타노이아" 즉 "생각의 전환"을 요구한다. 생각의 전환이 없이, 숲에 불이 났을 때 도망쳐 나오는 독사새끼들처럼 자기에게 다가온 무리들을 힐난한 것이다.

"닥쳐올 징벌을 피하라고 누가 일러주었더냐?"는 그에게 세례 받으러 요단강변에까지 찾아온 무리들을 기특하게 여기면서도 그들 내면의 의도(motives)를 문제삼고 있는 것이다.

죄사함은 결코 인종적 특권으로 보장될 수 없다. 유대인들은 아브라함이 그들의 조상이라서 그가 지옥의 길 문을 지키고 있다가 길 잘못 든 유대인이 있으면 천당으로 올려보내 준다고 어리석게 믿었다. 그 따위 아브라함의 자손이라면 사막의 무생명체인 흔해빠진 돌로써도 하나님은 아브라함의 자손들을 만들어낼 수 있다. 이것은 하나님의 권능에 관한 구약적 상식이다. 아람어로 "자손들"(아들들)과 "돌들"이 비슷하여 쌍관어(雙關語)적 수사(pun)를 구사한 것이다.

여기 "옷"은 겉옷 속에 입는 "속옷"이다. 갈릴리지방이 춥기 때문에 속옷을 두 개씩 껴입는 것이 관례였다. 그러니까 속옷이 한 벌도 없어 벌벌 떨고 있는 자에게는 하나를 내어주라는 뜻이다.

Q3 (눅 3:12~14)

세리(稅吏)들도 세례를 받고자 하여 와서 요한에게 물었다. "선생이여, 우리는 어떻게 했으면 좋겠나이까?"

요한은 대답하였다. "정한 율(率)대로만 받고 그 이상은 늑징(勒徵)치 말라."

군인들도 요한에게 물었다. "저희는 또 어떻게 해야 하오리이까?"

그는 대답하였다. "사람들에게 강포(强暴)하지 말라. 거짓 모함을 꾸며 남의 물건을 약탈하지 말라. 너희가 받는 봉급으로 만족할 줄 알라."

여기 "세리들"(tax collectors)이라 한 사람들은 세무서에 취직한 정식 관리를 지칭하지 않는다. 로마시대의 이스라엘 사회계층구조는 인구의 1%도 채 안되는 사람들이 이스라엘 땅의 과반을 소유하고 있었다. 그리고 로마는 대제국을 유지하기 위하여 식민지에 가혹한 세제를 강요하고 있었다. 불쌍한 농(農)·공(工)·천민들에게 50여 종의 세금을 강요했다. 로마의 관리들은 이 세금을 직접 징수할 길이 없었기 때문에, 세금을 징수하는 특수한 브로커들과 세금징수 계약을 맺었다.

이 브로커들이 바로 복음서에 나오는 "세리들"이다. 이 세리들은 유대인 부랑자들로서 일정한 카르텔을 형성하여 로마관리들에게 상납해야 할 세금 이상의 세금을 징수했다. 농민들은 소출의 7·80%를 모두 빼앗겼다. 이들은 타국민을 위하여 자국민을 괴롭히는 로마정부의 앞잡이들이었으며 천박한 사람들이었기 때문에 일반백성들에게는 멸시의 대상이었고 죄인취급을 받는 소외된 사람들이었다.

"군인들도"라는 표현으로 미루어 보건대, 이들은 정식 로마군인들이거나 헤롯 안티파스의 군인들이 아니라, 세금징수를 위해 보조역할을 하는 경찰업무를 수행하는 관리들이었다. 이들에게는 일정한 봉급이 있었다. 그러나 이것은 명목상의 쥐꼬리만큼의 돈이었다. 그들은 실상 부정한 수단으로 수탈하는 음성적 수입으로 생계를 유지했던 것이다.

Q4 (마 3:11~12, 눅 3:16~17)

　　세례요한은 모든 사람에게 이렇게 말하였다: "나는 물로 너희에게 세례를 베풀거니와, 나보다 능력이 많으신 이가 이제 곧 오시나니, 나는 그 분의 신들메를 풀기도 감당치 못하겠노라. 그 분은 성령(聖靈)과 불로 너희에게 세례를 주실 것이다. 그 분의 손에는 이미 쇠스랑이 들려져 있으니 타작마당의 곡식을 깨끗이 가리리라. 알곡은 모아 곡간에 들이고, 쭉정이는 꺼지지 않는 불에 태우시리라."

"백성들은 그리스도를 기다리고 있었던 터였으므로 요한을 보고 모두들 속으로 그가 혹시 그리스도가 아닐까 하고 생각하였다"(눅 3:15)라는 구절은 Q에 없다. Q자료를 기독론적으로 변화시키는 후대 교회의 내러티브 삽입방식의 한 유형을 볼 수 있다.

요한과 예수의 관계에 관해서는, 나의 저술 『요한복음강해』(서울: 통나무, 2007), 112~141쪽에 상세히 서술되어 있다. 참고하였으면

한다. 이 장의 상단은 마가복음 1:7~8에도 나오고 있다.

Q의 유기적 완정성(完整性)을 인정한다면 세례요한과 예수의 관계설정의 설화들은 상당히 초기의 전승임을 알 수 있다. 세례요한은 역사적 실존성이 어느 누구보다도 확실한 인물이었으므로 세례요한과 예수의 관계는 매우 일찍 구전으로 성립했을 것이다. 그러나 "물"과 "불"의 대비, 동양인의 관점에서 보자면 수화상극(水火相

克)의 이 대비는 아주 초기의 전승으로 보기는 어려울 것이다. 지나치게 헬레니즘적인 철학개념들을 전제로 하고 있다. 물세례와 불세례의 대비에서 가장 두드러지는 것은 물론 "세례요한의 격하"이다. 이 격하현상을 불트만은 초대기독교공동체 내의 예수교회와 세례요한교회 사이의 치열한 경쟁의 결과이며 이 경쟁의 언어들이 헬레니즘적 맥락으로 둔갑한 것이라고 말하고 있는데(『공관복음서전승사』 pp.210~211), 이렇게 본다면 이 파편의 저성(著成) 연대는 상당히 후대로 내려올 수밖에없다. 그러나 세례요한파를 예수파의 입장에서 격하시킨 설화양식이 이미 예수 사후에 곧바로 성립했다는 가설도 가능하다. 그러나 우리가 다시 한 번 상기해야 할 사실은 Q의 가장 오리지날한 범위 속에는 세례요한파의 교섭설화들이 포함되지 않을 수도 있다는 것이다.

"신들메"는 희랍·로마시대에 흔히 신발로 사용된 샌달($\upsilon\pi\acute{o}\delta\eta\mu\alpha$)의 끈을 가리킨다. 샌달은 지체가 높은 사람들만 신었는데, 이들은 집안에서는 맨발로 살았다. 외출할 때 문간에 반드시 샌달을 신겨주는 노예가 있었다. 샌달은 가죽창에 고리가 달려있어 그 고리에 끈을 걸어 발을 감아 발목까지 감싼다. 이 샌달끈 즉 신들메를 잘 묶어주는 노예가 있어야 하루종일 가뿐하게 견딜 수 있다. 집에 돌아오면 노예가 신들메를 다시 풀어주고 흙탕이 된 발을 물로 씻어준다. "나는 그 분의 신들메를 풀기도 감당치 못하겠노라"라는 표현은 세례요한이 예수집 문간의 노예가 될 만한 자격조차 없는 사람이라고 스스로를 규정하는 극단적인 자기비하의 발언이다. 예수추종자들측에서 기술된 언어라 해도 좀 과도한 표현이다.

개역판의 해석은 "손에 키를 들고 자기의 타작(打作)마당을 정(淨)

하게 하사"로 되어 있으나 우리말의 "키"는 한문의 그 기(其 → 箕)
자에서 온 말인데, 기(其)라는 글자 자체가 키의 상형이다. 그러니
까 키는 우리 동아시아에서는 시대가 은(殷)나라에까지 소급되는
매우 오래된 기물이다. 그러나 팔레스타인지역에서는 우리식 키를
쓰지 않았다. 여기 "프튀온"(πτύον)은 키가 아니라 "쇠스랑," "갈
쿠리," "삼지창"(pitchfork)이다. 그것으로 타작을 하는 것이 아니
라, 타작한 알곡더미(ἅλων)를 쇠스랑으로 공중에 던져 바람에 날
려 알곡과 쭉정이를 분리시키는 것이다. 이와 같이 성서는 성서시
대 사람들의 일상적 생활상을 정확히 알아야만 그 뜻이 정확히 이
해될 수 있다.

Q5 (마 3:13, 16~17, 눅 3:21b~22)

예수께서 갈릴리로부터 요한에게 세례를 받기 위하여 요단강에
이르셨다. 예수께서 세례를 받으시고 기도하시니 하늘이 열렸다.
성령이 비둘기 모습으로 내려 그 위에 임하더니, 하늘로부터
다음과 같은 소리가 들려왔다. "너는 내 사랑하는 아들이요, 내
기뻐하는 자라."

이 장은 Q원경(原經)에는 속하지 않는 자료일 것이다. 그러나 예
수가 세례요한의 그룹으로부터 성장한 사람이라는 것은 역사적 사
실에 가까운 전승일 것이다.

제1장은 세례요한의 도래(The Coming of John The Baptist), 제2장,
3장은 세례요한의 메타노이아 가르침(John's Preaching of Metanoia),
제4장은 오시는 자에 대한 요한의 설교(John's Preaching of the
Coming One), 제5장은 예수의 세례 받음(The Baptism of Jesus)
이다. 이제 제6장부터 예수의 유혹(The Temptations of Jesus)이
시작된다.

Q6 (마 4:1~4, 눅 4:1~4)

　　성령의 충만함을 입어, 예수께서 요단강을 떠나 광야로 이끌
리시었다. 여기서 사십일 동안 마귀에게 시험을 받으시었다. 이
모든 날에 아무 것도 잡수시지 아니 하시니 날 수가 다하매 주리
신지라. 마귀가 가로되, "네가 만일 하나님의 아들이어든, 이 돌
들에게 명(命)하여 떡덩이가 되게 하라."

　　예수께서 대답하시었다. "성서에 말했노라: '사람이 떡으로만
살 것이 아니라.'"

마가복음에는 예수의 유혹을 매우 소략하게 처리했다. 그 사건의 아
웃트라인만 말했을 뿐 유혹의 내용을 명시하지 않았다(막 1:12~13).

"사십일"은 이스라엘민족이 시내광야에서 40년간 시험받은 역사적
상징성을 예수라는 개인에게 압축시킨 숫자일 수 있다. 하여튼 "사
십일"은 "상당한 기간"을 인습적으로 나타내는 유대인의 숫자이기
도 하다.

예수가 시험 받은 광야는 여리고에서 예루살렘에 이르는 지역에 펼쳐져 있는 각박하고도 척박한 광야이다. 해수면보다 250m나 낮은 지역이다. 지금도 여리고 뒤쪽으로 "유혹의 산"(Mount of Temptation)이 있다.

개인의 배고픔 때문에 하나님의 권능을 사용할 수는 없다는 역사적 예수의 결의를 나타낸 것일까?

Q7 (마 4:5~7, 눅 4:9~12)

그리고 마귀는 또 예수를 이끌고 예루살렘으로 가서 그를 성전 꼭대기에 세우고 가로되, "네가 하나님의 아들임을 입증(立證)하려면, 여기서 뛰어내려라! 기록하였으되, '저는 너를 보호키 위하여 그의 천사들을 파견하시리니, 저희가 손으로 너를 받들어, 발이 돌에 부딪히지 않게 하리로다.' 하였느니라."

예수께서 대답하여 가라사대, "성서에 말씀하기를, '주 너의 하나님을 시험치 말라.' 하였느니라."

지금은 예루살렘 꼭대기에는 이슬람의 성지인 황금돔을 자랑하는 바위성전(Dome of the Rock, Qubbel al-Sakhra)이 우뚝 자태를 과시하고 있다. 그러나 여기서 말하는 "예루살렘 성전 꼭대기"는 아마도 헤롯성전의 남쪽 주랑(柱廊) 언저리 정도였을 것이다. 그곳에만 서도 광활한 예루살렘이 한눈에 들어오고 아찔한 느낌이 들었을 것이다. 요세푸스도 그곳 장면을 그렇게 묘사 하였다.

하나님은 시험의 대상이 아니다. 인간의 영웅적 허세는 허망한 것이다. 예수는 초능력의 과시, 즉 이적을 거부한 사람이었다.

그러자 마귀는 예수를 지극히 높은 산으로 데리고 가서, 순식
간에 천하만국을 다 보여주며 가로되, "이 만국의 권세와 영광을
내가 네게 주리라. 이 모든 것은 나의 것이므로 내가 원하는 누
구에게든지 줄 수 있노라. 네가 만일 내게 엎드려 경배하기만
하면 이 모든 것이 다 네 것이 되리라."

예수께서 되쳐 가라사대, "성서에 기록되기를, '너는 하나님을
경배하고 다만 그를 섬기라.' 하였느니라."

마귀가 모든 시험을 다 한 후에, 후에 다시 돌아올 것을 기약
하고, 예수를 떠나니라.

여기 "순식간에"라는 표현은 예수의 시험성격이 주관적, 혹은 환상
적 경험이었음을 시사한다. 여기 "오이쿠메네"(οἰκουμένης, 천하
만국)라는 표현은 결국 "로마제국"을 가리킨다. "만국의 권세와 영
광을 준다"는 표현은 결국 "로마의 황제"가 될 수도 있다는 구체적
암시이다. 토요토미 히데요시는 중국의 천자가 될 수 있다는 환상
때문에 임진년의 대란을 일으켰다. 이 시험설화의 핵심적 의미는
당시 이스라엘사람들이 꿈꾸었던 정치적 메시아상에 대한 예수의
거부이다.

다음 장부터 예수사역의 첫 수훈(Jesus' Inaugural Sermon)이 시
작한다. 산상수훈(The Sermon on the Mount)의 핵심은 Q에 포섭
되어 있다.

Q9 (마 5:1~2, 3, 눅 6:12, 17, 20)

이 때에 예수께서 고적함을 구하사 동산으로 들어가시어 한 밤을 지새우며 기도하셨다. 날이 밝자 예수께서 제자들과 함께 내려 오셨다.

유대 사방과 예루살렘과 두로와 시돈의 해안으로부터 허다한 무리가 예수의 말씀을 들으러 왔고 고난 받는 자들은 고침을 얻었다.

예수께서 눈을 들어 제자들을 응시하사 가라사대, "가난한 그대들이여 복이 있나니 하나님의 나라가 너희 것임이라."

전통적 팔레스타인 사회에서 "기도"라는 것은 정해진 문구를 크게 낭송하는 것이었다. 대개의 경우 대중을 향해 외치는 것이다. 여기 예수의 "기도"라 함은 전혀 다른 것이다. 그것은 "고적함 속에서의 명상"(meditation in solitude)이었다.

12제자의 관념은 없다. 그리고 "두로와 시돈"은 선진문명의 이방인 지역이다. 예수의 말씀을 갈구하는 사람들의 범위가 좁은 지역에 국한되지 않았음을 시사한다. 요즈음 말로 하면 "국제적 무리"

(international crowds)였다.

"가난한 그대들"은 마태의 추상적 언어처럼 "심령이 가난한 자"가 아니다. 문자 그대로 경제적으로 빈궁한 자들을 가리킨다. 예수운 동에 참가하기를 갈구한 사람들은 곤궁하고 가난하고 억압받고 소외된 사람들이었다. 그래서 부귀에 집착할 건덕지가 아무 것도 없는 "무소유의 텅 빈 사람들"이었다. 그들에게 메타노이아, 즉 회 심(回心)은 오히려 쉽게 가능하고 천국은 쉽게 도래한다.

우리 개역판성경에는 우리말의 특성상 주어가 명료하게 표시되어 있지 않아 마태복음(심령이 가난한 자)과 누가복음(가난한 자)이 모두 동일하게 3인칭으로 표현되어 있으나, 희랍어원문에는 마태복음은 3인칭을 썼고 누가복음은 2인칭을 썼다. 그래서 "가난한 그대들이 여 복이 있나니"로 번역한 것이다. 마태복음은 중간에 3인칭에서 2인칭으로 전환하고 있는데, 누가복음은 처음부터 일관되게 2인칭을 사용하고 있다. 누가의 2인칭 용법이 원래의 Q자료 모습이다. 더 직접적으로 우리 가슴에 파고드는 아름다운 표현이다.

Q10 (마 5:6 ; 5:4, 눅 6:21)

이제 주린 그대들이여 복이 있나니 너희가 배부름을 얻을 것임
이요, 이제 우는 그대들이여 복이 있나니 너희가 웃을 것임이라.

"복이 있다"(*makarios*)는 표현은 "축하한다,"(congratulations to)
"행복하다"(happy is)는 등, 밝고 명랑한 분위기를 내포하는 함의
가 넓고 짙은 말이다. 굶주리고 우는 자들이 배부르고 웃을 수만
있다면 얼마나 좋을까? 그것은 요즈음과 같이 교회를 나가서 행복
해지는 것은 아니었다. 예수 당시에는 "교회"라는 것이 없었다. 그
것은 일차적으로 이 땅을 하늘나라로 만들려는 예수의 가르침에
참여하는 실천행위를 의미했다. 예수의 천국운동의 핵심 중의
하나가 "열린 공동식사"(open commensality)였다.

보통 "산상수훈"(The Sermon on the Mount)하면 마태복음을 항상 처음 접하기 때문에, 그리고 그 정돈된 모습 때문에, 마태복음이 원래의 모습인 것처럼 오해하기 쉽다. 그러나 산상수훈의 오리지날 텍스트는 형식과 순서, 내용면에서 모두 누가쪽에 가깝다고 보아야 한다. 마태는 Q의 순서를 이사야서 61:1~2와 조화시키면서 그 순서를 바꾸었다.

그리고 여기 "주린자 – 배부르다" "우는 자 – 웃다"의 매우 단순한 대구의 아름다움을 "의에 주리고 목마른 자 – 배부르다" "애통하는 자 – 위로를 받는다"로 증보했는데, 추상적 레토릭을 구사할수록 맛이 떨어진다. "가난한 그대"가 "심령이 가난한 자"로 바뀌는 것과 똑같은 의미의 전화(轉化)이다. 단순할수록 아름답고 오히려 더 강렬한 것이다.

Q11 (마 5:5)

부드러운 그대들이여 복이 있나니 너희는 땅을 기업(基業)으로
받을 것임이요.

"부드러운 그대들"은 전통적으로 "온유한 자"(the meek)로 번역되
어, 여성적인 연약함이나 온유함의 느낌으로만 치우쳐 있다. 그러
나 원어인 "프라오테스"(*praotes*)는 아리스토텔레스의 윤리학에서
부터 규정되고 있는 중용의 덕과 관련된 말이며, "부드러우면서도
강하다"(gentle but strong)는 의미를 내포한다. 부드러운 사람들의
내면에는 "절제"의 미덕이 있으며 "보살핌"의 관심이 있다.

"땅을 기업으로 받는다"(…shall inherit the earth.)는 표현은 유대인의 문화적 맥락에서만 의미를 갖는다. 유대인의 희망은 항상 출애굽의 희망이며, 그것은 "젖과 꿀이 흐르는 가나안 땅"을 유업으로 받는다는 희망이다. 그러나 여기 예수에게 있어서 "땅을 기업으로 받는다"는 뜻은 "이 땅을 하나님의 땅으로 만든다"는 뜻을 내포하는 것이다. 이 땅을 지배하는 정치적 메시아의 꿈을 실현하는 것이 아니라, 하나님에 의하여 변혁된 인간 마음의 메타노이아(회심), 그 새로운 질서를 구현하는 것이다. 피안이 아닌 차안의 사상이 "땅을 받는다"는 말로써 표현된 것이다.

Q12 (마 5:7~9)

　　자비를 베푸는 그대들이여 복이 있나니 너희는 자비를 입을 것임이요.

　　마음이 깨끗한 그대들이여 복이 있나니 너희는 하나님을 보게 될 것임이요.

　　평화를 만드는 그대들이여 복이 있나니 너희는 하나님의 아들이라 일컬음을 받을 것임이라.

　　"자비를 베푸는 그대들"에 관한 가르침은 주기도문을 연상하면 쉽게 풀릴 것이다: "우리가 우리에게 죄지은 자를 용서하여 준 것 같이 우리 죄를 용서하여 주옵소서."(마 6:12). 자신의 이웃과 먼저 화해할 줄 아는 자에게만 하나님과의 화해가 성립하는 것이다.

　　"하나님을 보는 것," "하나님을 대면하는 것"은 신앙의 궁극적 성취이다. 예로부터 왕의 얼굴을 볼 수 있는 사람은 극히 제한되어 있었다. 여기 표현은 이러한 전통관념과 연계되어 있다. 그런데 "마음이 깨끗하기만 하면" 그 소망이 이루어진다. 바울이 말하는 "마음의 할례"와 같은 표현을 한번 연상해보는 것도 좋을 것이다(롬 2:29).
유대교에서도 형식적·제의적 청결의 요구에 대립하여 마음의 할
례를 요구하는 전통이 면면히 내려왔다(신 10:16, 30:6, 렘 4:4, 9:25).
동서고금을 통하여 "외적 행위"와 "마음의 깨끗함"은 대립적으로
이해되어 왔다.

"하나님의 아들됨"은 예수만의 특권이 아니다. 평화를 위해 일하고,
평화를 사랑하고, 평화를 만드는 모든 사람들이 하나님의 아들이 되
는 것이다. 예수는 철저한 평화주의자였다. 예수가 "화평을 주러 온

것이 아니라 칼을 주러 왔다."(마 10:34, 눅 12:51, Q57)는 말 때문에 예수를 분쟁주의자로 왜곡하고 전쟁을 일으키는 기독교인들의 온갖 횡포를 정당화시키는 황당한 해석을 일삼았다. 그러나 "화평을 주러 온 것이 아니라 칼을 주러 왔다는" 파라독시칼한 언사는 철저히 평화주의적 맥락에서 해석되어야 한다. 예수는 갈릴리 풍진 속에서 평화를 선포했다. 그가 선포하는 평화는 인간과 신의 관계를 평화롭게 하고, 인간과 인간의 관계를 평화롭게 하는 것이다. "갈르라! 그리고 지배하라!"(divide-and-rule)는 로마시대의 가치관이 팽배해 있을 무렵, 예수는 오로지 하나님의 지배를 선포했고, 그 지배는 모든 것을 화해시키는 것이었다.

Q13 (마 5:11~12, 눅 6:22~23)

나로 인하여 사람들이 너희를 미워하고, 배척하고, 욕하고, 누명을 씌울 때에는 너희에게 복이 있도다. 그런 날에 기뻐하고 춤추라. 하늘에서 너희 상이 큼이라. 기억하라, 저희 조상들도 너희 전에 있었던 선지자들을 이같이 핍박하였느니라.

누가복음에는 "나로 인하여"가 "인자로 인하여"로 되어있다. 여기에 인자(人子)담론이 들어간다는 것은 어색하다. 대체적으로 이 구절은 마태 쪽이 누가 쪽보다 Q원문에 가깝다고 사료되고 있다. 그러나 물론 "인자로 인하여"가 원문이고 그것을 마태가 "나로 인하여"로 바꾸었다고 볼 수도 있다.

사실 "나로 인하여"도 어색하다. "나 예수 때문에"라고 구체적 지적을 한다는 것은 이 말을 듣는 사람은 예수의 제자들이며, 나와의 특수한 관계에 있는 사람들이라는 좁은 울타리를 설정한다는 맥락이 전제되기 때문이다. 그러므로 많은 학자들이 "나로 인하여"(on my account)라는 구문도 삭제되는 것이 정당하다고 주장한다.

이런 논란이 발생하는 이유는 이 파편은 후대의 로마사회에서 기독교가 핍박받던 순교시절의 정황을 반영한다고 보기 때문이다. 그렇게 되면 이 파편은 후대의 첨가가 될 것이다. 그러나 예수의 시대에도 예수운동의 배척가들이 많았고, 예수를 따르는 사람들과 사회와의 긴장관계가 있었다는 것을 전제한다면 초기 로기온으로 볼 수도 있을 것이다.

"그런 날에"는 개역판에 "그 날에"로 번역되어 의미가 잘 파악되지 않는다. "그 날에"를 최후의 심판의 날로 간주하는 종말론적 해석은 불가하다. 그것은 맥락적으로 핍박을 받는 시절에 오히려 기뻐한다는 뜻일 뿐이기 때문이다.

"춤춘다"(스키르타오, $\sigma\kappa\iota\rho\tau\acute{a}\omega$)는 기뻐서 깡충깡충 뛴다는 뜻이다. 마태에는 "저희 조상들도"가 없다. 대신 "너희 전에 있던"이라는 선지자(목적어)를 수식하는 구가 있다. 누가는 동사의 주어를 명료하게 제시하는 구문을 선택하였다.

지복설교(Beatitude)는 여기서 끝난다. 제9장부터 제13장까지 8복이 다 설파되었다. 제14장부터 제16장까지는 박해나 음해에 반응하는 우리 삶의 태도에 관한 설교(On Responding to Reproach)가 이어진다. 역사적 예수의 가르침의 핵심이었을 것이다.

Q14 (마 5:44, 46, 눅 6:27~28)

　　나는 너희에게 이르노니, 너희 원수를 사랑하며, 너희를 미워
하는 자를 선대(善待)하라.
　　너희를 저주하는 자를 축복하며,
　　너희를 모욕하는 자를 위하여 기도하라.

『논어』에도 어떤 사람이 공자(孔子)에게 "원수를 덕으로 갚는 것이
어떻겠습니까?"(以德報怨, 何如? 「憲問」)라고 묻는 장면이 나온다.
이에 대해 공자는 "以直報怨, 以德報德."이라고 대답한다. 덕은 물
론 덕으로 갚아야 하지만, 원(怨)에 대해서는 직(直)으로 갚는 것이
보다 정당할 것이라고 지적한다. 여기 "직"(直)이라는 말의 해석이
좀 어렵지만, 원수를 덕으로만 갚는다는 인간행위의 무리함을 지
적했다고 볼 수가 있다. "직"은 주희(朱熹)의 해석에 의하면 애증취

사(愛憎取舍)가 지공무사(至公無私)한 것을 가리킨다. 즉 나의 원수에 대한 애정과 미움이 어떤 합리적 공평성이나 상황적 판단을 잃지 말아야 한다는 것이다. 이것은 분명 동양인의 인본주의적 이상(humanistic ideal)을 가리킨 명언이다.

그러나 예수는 이러한 합리성이나 상황성이나 공평성을 초월해버린다. 예수의 "아가페"는 단지 인간관계만으로 형량되는 덕성의 문제가 아니라, 신에 대한 복종을 의미한다. 이웃의 사랑을 통해 신에 대한 복종을 입증하는 것이다. 나의 의지를 완벽하게 신의 의지에 복속시키는 것이다. 그렇다고 이것이 인류에 대한 추상적인 보편주의적 사랑을 의미하는 것도 아니다. 나 개인의 실존의 철저한 극기(克己)며, 나 자신의 인간적 상황판단을 철저히 포기하는 것이다. 그것은 나의 욕망의 무화(無化, renunciation)를 의미한다. 인간의 사랑은 부분적일 수 없으며 전적이어야 한다. 용서의 메시지는 결국 메타노이아의 재천명이다.

"원수를 사랑하라"는 예수의 메시지는 당대사회에서도 너무 래디칼하고 충격적인 것이었으며 사람들에게 잘 이해되지 않았다. 그러나 예수운동은 바로 이러한 사랑의 논리 때문에 인류사에 고등한 윤리적 좌표를 제시할 수 있었다.

Q15 (마 5:39b~42, 눅 6:29~30)

나는 너희에게 이르노니, 누구든지 네 오른편 뺨을 치거든 왼편도 돌려대며, 네 겉옷을 빼앗는 자에게 속옷까지 벗어주어라.

무릇 네게 구하는 자에게 주며, 네 것을 가져가는 자에게 다시 돌려달라 하지 말라.

중동사람들의 습관에는, 상대방의 오른편 뺨을 때린다는 것은 보통 내 오른손의 등으로 휘갈기는 것이다. 그리고 나서 다시 내 손바닥으로 상대방의 왼편 뺨을 때리면 한 세트가 되는데 이 한 세트는 이중 모욕으로 최악의 상태이다. 랍비의 법에도 손등으로 사람을 치는 행위는 두 배의 벌이 가해진다. 예수의 언급은 이러한 당시인들의 풍습을 전제로 하고 있다. 그러한 상황에서의 최악의 모욕에 대해서도 감내할 줄 알라는 것이다.

"겉옷" "속옷" 문제는 마태에는 거꾸로 되어있다. "속옷을 가지고자 하는 자에게 겉옷까지도 가지게 하라."는 마태의 기술은 소송습관을 전제로 하고 있다. 항상 입는 의복이며 밤에는 덮개(이불) 역할도 하는 겉옷(토가 스타일)은 이스라엘 법으로 압류할 수가 없다. 따라서 부채상환을 위해 속옷을 빼앗기 위해 소송을 걸어오는 자에게 겉옷까지 내어주라는 뜻이다. 누가의 기술은 길거리에서 겉옷을 탈취하려는 강도놈에게 속옷도 내어주라는 상황을 설정하고 있다.

여기서는 2인칭이 단수로 되어있음을 주목하라. 그래서 많은 학자들이 전승어록파편이 다르다고 보고 있는데, 특정한 상황에 관련하여 명령을 하는 데는 단수형이 더 절절할 수가 있다. 전승상의 문제라기보다 표현상의 문제일 수도 있다.

남에게 대접을 받고자 하는 대로 너희도 남을 대접하라. 너희가 만일 너희를 사랑하는 자만을 사랑한다면 칭찬받을 것이 무엇이뇨? 죄인들도 자기를 사랑하는 자를 사랑할 줄 아느니라. 너희가 만일 너희를 선대(善待)하는 자만을 선대한다면 칭찬받을 것이 무엇이뇨? 죄인들도 그렇게 하느니라.

너희가 만일 되받을 가망이 있는 자에게만 꾸어준다면 칭찬받을 것이 무엇이뇨? 죄인들도 고스란히 되받을 것을 알면 서로 꾸어주느니라.

오직 너희는 원수를 사랑하고, 선대하며, 되받을 생각말고 꾸어주라. 그리하면 너희 상이 클 것이요, 또 지극히 높으신 이의 아들이 되리니, 그는 악인에게나 선인에게나 해를 비취게 하시며, 의로운 자에게나 불의한 자에게나 비를 내리우심이니라.

예수에게서 "보상"이라는 개념은 인간으로부터 오지 않는다. 인간세의 선행에 대한 "보상"은 오직 하늘로부터 올 뿐이다. 누가는 마태의 "너희 아버지"라는 표현을 "지극히 높으신 이"($\dot{v}\psi\iota\sigma\tau\circ\varsigma$)로 표현했는데, "지극히 높으신 이"라는 표현이 마태보다는 유대적 색채가 옅다고 말할 수 있다.

"악인에게나 선인에게나 해를 비춘다"는 표현은 일반 기독교인들에게 이해되기 어려운 말씀이다. 기독교의 구원이나 하나님의 사랑은 인간의 도덕성을 요구하며 하나님에 대한 복종을 요청하기 때문이다. 그러나 하나님의 사랑은 그 궁극적 의미에 있어서 인간의 도덕성을 초월할 수 밖에 없다. 그러한 초월이 없으면 하나님의 무제한적 용서와 사랑은 불가능해진다. "악인에게나 선인에게나," "의로운 자에게나 불의한 자에게나"라는 표현은 하나님의 나라를 선포하는 역사적 예수의 사상속에는 노자(老子)의 "천지불인"(天地不仁)과 같은 사상측면이 있었다는 것을 방증한다. 왕필(王弼)은 다음과 같이 이를 주(注)하였는데 정곡을 찌르고 있다: "하늘과 땅은 스스로 그러함에 자기를 맡긴다. 함이 없고 조작이 없어 만물은 스스로

서로를 다스리고 서로 질서를 준다. 그래서 불인하다고 한 것이다.(天地任自然。無爲無造, 萬物自相治理, 故不仁也。) 하나님이 만약 인간의 도덕적 기준에 따라서만 "조립시화"(造立施化: 조작하고 세우고 은혜를 베풀고 교화한다)한다면 그것은 인간의 도덕성에 예속되는 하나님이 될 것이다. 하나님의 아가페는 온데간데 없이 사라지고 말 것이다.

다음 장부터 우리의 일상적 판단에 관한(On Making Judgments) 가르침이 이어진다.

Q17 (마 5:48; 7:1~2, 눅 6:36~37)

너희 아버지의 자비(慈悲)하심 같이 너희도 자비하라.

남을 심판하지 말라, 그리하면 하나님께서도 너희를 심판치 아니하실 것이요.

남을 정죄하지 말라, 그리하면 하나님께서도 너희를 정죄치 아니하실 것이요.

남을 용서하라, 그리하면 하나님께서도 너희를 용서하실 것이다.

개역판의 "비판을 받지 아니하려거든 비판하지 말라."(마 7:1) "비판치 말라, 그리하면 너희가 비판을 받지 않을 것이요."(눅 6:37)라는 번역은 매우 위험한 번역이다. 남을 비판치 않으면 나도 타인에게 비판받을 일 없다는 뜻으로 왜곡되기 십상이기 때문이다. 인간세의 번잡한 이야기가 되어 버리고 마는 것이다. 이것은 주어생략에서 발생하는 단순한 구문상의 오류이다. 상기의 문장은 인간과 인간의 관계를 말하는 것이 아니라, 인간과 하나님의 바른 관계설정에 관한 예수의 가르침이다.

Q18 (눅 6:38)

남에게 주라, 그리하면 **너희도** 받을 것이다. 말을 흔들어 꼭꼭 차게 하고서도 **넘치도록 더 채워 너희에게** 안겨 주리라. 너희가 헤아리는 그 헤아림으로 **너희도** 헤아림을 도로 받을 것이니라.

무조건적인 선행, 그리고 하나님의 너그러운 보상이 암시되는 구절 인데 시장통의 풍경이 배경을 이루고 있다. 됫박을 후하게 주는 광경, 그리고 옷으로 곡식을 받는 광경이 그려져 있다. 우리나라 장터에서 여인들이 치마에 물건을 받듯이, 이 시대의 사람들도 겹치는 긴 옷의 허리를 잡아매어 그 윗부분을 쌀자루처럼 활용하였다.

Q19 (마 15:14; 10:24~25, 눅 6:39~40)

소경이 어찌 소경을 인도할 수 있겠느뇨? 둘 다 구덩이에 빠지지
아니하겠느뇨?

제자가 그 선생보다 높지 못하다 하나, 제자도 온전하게 잘 배우면
그 선생처럼 될 수 있나니라.

이 구절에 관한 전통적 주석은 모두 애매하게 처리되어 있다. 기독
론이나 메시아사상의 권위주의를 전제로 하고 이 문장을 대하기
때문에 쉽고도 올바른 해석을 내리지 못하는 것이다. 아니, 바른
해석이 두려운 것이다.

소경이 어찌 소경을 인도할 수 있겠냐는 예수의 말은 예수 자신이
예수운동에 참가하는 사람들에게 자신은 결코 소경일 수 없다는 자

신감, 확신감을 내보인 것이다. 어찌 소경이 소경을 이끌 수 있겠는가? 소경을 이끄는 자는 "눈을 뜬 자"이어야 한다. "눈을 뜬 자"는 하나님을 보는 자이며, 사물의 이치를 깨달은 각자(覺者)이며, 하늘의 질서를 구현하는 자이다.

여기서 눈을 뜬 자는 선생이며, 소경은 제자이다. 따라서 소경은 선생만큼 "높지 못하다," "지혜롭지 못하다." 그러나 왜 제자가 선생을 따르는가? 장님으로 살기 위하여 따르는 것은 아니다. 눈을 뜨기위하여 따르는 것이다. 따라서 제자도 바르게 배우기만 하면 선생과 같은 각자(覺者)가 될 수 있는 것이다. 선생처럼 눈을 뜰 수 있는 것이다.

예수는 하나님을 독점한 정신세계의 독재자가 아니다. 예수는 스승으로서 모든 제자들이 자기처럼 될 수 있다고 믿은 사람이었다. 이러한 예수의 인격을 이해 못하기 때문에 몇천 년 동안 이 구절의 해석이 명료하지 못한 것이다. 예수는 "청출어람"(青出於藍)을 인정 못할 그러한 졸렬한 사람이 아니었다. 예수를 따르는 사람들은 예수가 될 수 있다. 이것은 예수의 말이다.

Q20 (마 7:3~5, 눅 6:41~42)

어찌하여 형제의 눈 속에 있는 티는 보고 네 눈 속에 있는 들보는 보지 못하느냐?

너는 네 눈 속에 있는 들보를 보지 못하면서 어찌하여 형제에게 "네 눈 속의 티를 빼어주마."라고 말할 수 있겠느뇨? 이 위선자 여! 먼저 네 눈 속에서 들보를 빼라! 그 후에야 네가 밝히 보고 형제의 눈 속에 있는 티를 뺄 수 있으리라.

아주 명료한 비유이다. 과장법의 표현도 아름답다. 인간의 어리석 은 본성은 속단하기를 좋아하고 타인을 규탄하는 데만 소질이 있 다. 타인의 과오보다 자신의 과오를 저주하라. 예수의 말에는 온정 과 유모어가 넘친다.

Q21 (마 7:16~20; 12:35, 눅 6:43~45)

못된 열매 맺는 좋은 나무가 없고, 또 좋은 열매 맺는 못된 나무가 없느니라.

나무는 각각 그 열매로 아나니, 가시나무에서 무화과를, 또는 찔레에서 포도를 따지 못하느니라.

선한 사람은 마음에 쌓은 선에서 선을 내고, 악한 사람은 자신 속에 쌓은 악에서 악을 내나니, 이는 사람의 말이란 마음에 가득 쌓인 것으로부터 흘러나오기 때문이니라.

나무의 가치는 그 열매로 안다. 불타의 연기설(paṭiccasamuppāda)의 깨달음도 유사한 것이다: "이것이 있기 때문에 저것이 있고, 이것이 일어나기 때문에 저것이 일어난다."(此有故彼有, 此起故彼起.)『雜阿含經』卷第十五, 369,『大正』2-101.『雜阿含經』卷第十二, 297,『大正』2-84.『南傳』13-96. 나의 저서『달라이라마와 도올의 만남』1, 서울: 통나무, 2002, p.152를 참고할 것.

　너희는 나를 불러, "주여, 주여."하면서도 어찌하여 나의 말하는 것을 행(行)치 아니하느냐?

　내게 나아와, 내가 말하는 것을 듣고, 그것을 실천하는 사람이 어떤 사람인지 너희에게 보여주리라.

　그 사람은 집을 짓되 깊이 파고 주초(柱礎)를 반석(磐石) 위에 놓는 사람과도 같으니, 홍수가 나서 탁류(濁流)가 집으로 들이치고, 폭풍이 불어 집을 휘몰아치더라도, 잘 지은 연고로 능히 요동(搖動)치 아니하리라.

　그러나 내 말을 듣고도 행치 아니하는 자는 주초 없이 모래 위에 집 지은 사람과도 같으니, 탁류가 부딪히매 집이 곧 무너져 파괴됨이 심하니라.

참으로 아름다운 비유의 언사이다. 마태와 누가를 비교해보면 마태는 해설적이기는 하지만, 누가 쪽이 더 본래적이고 직접적이고 인간적일 뿐 아니라 앞뒤 문맥이 더 잘 소통된다. 그러나 불트만은 어느 부분에서는 마태가 누가에 없는 Q의 부분을 간직하고 있으며 더 오리지날한 측면을 드러내기도 한다고 주장한다.

"주여, 주여"(Lord, Lord)는 "퀴리에, 퀴리에"를 번역한 것인데 단순한 교사나 스승, 랍비에 대한 객관적 존칭의 염을 넘어선 어떤 특별한 관계를 암시한다. 그 특별한 관계는 초월적인 것, 위압적인 것이 아니라, 오히려 친밀하고 인간적인 공동체의 관계속에서 해석되어야 할 것이다.

현인(賢人)과 우인(愚人)의 병행구는 지혜문학의 전형적 양식이다. 불트만은 오히려 이러한 로기온자료에는 예수의 실존적 고민이 드러난 자료가 거의 없고 통속적 잠언일 뿐이라고 간파했는데 나는 그렇게 보지 않는다. 말씀의 표현이 어떠한 양식을 빌리고 있든지

간에 우리는 그 삶의 자리 속에서 예수 현존의 모습을 생생하게 파악하여야 한다. 양식적 표현이라도 예수 실존의 의미가 드러나 있다.

제19장은 소경의 비유, 학생과 제자의 관계를 말하였고(Blind Guides, Teachers and Pupils), 제20장은 위선에 관한 가르침(On Hypocrisy)이었고, 제21장은 선한 사람과 악한 사람(Good and Evil Men), 제22장은 현인과 우인에 관한 건축물의 비유(The Parable of the Builders)였다. 다음의 23장은 Q복음서 중에서 매우 유니크한 파편이다.

Q23 (마 8:5~13, 눅 7:1b~10)

예수께서 가버나움으로 들어가셨을 즈음, 어떤 백부장이 거기 있어 사랑하는 종이 병들어 죽어가고 있었다. 예수의 소문을 듣고, 백부장이 유대인의 장로 몇을 보내어, 예수께서 오셔서 그 종을 낫게하시기를 청한지라.

이에 저희가 예수께 나아와 간절히 구하여 가로되, "이 일을 하시는 것이 이 사람에게는 합당(合當)하니이다. 저가 우리 민족을 사랑하고, 실제로도 우리를 위하여 회당을 지었나이다." 하더라.

예수께서 그들과 함께 가시니, 그의 집이 멀지않은 곳에 당도하였을 때, 백부장이 예수께 나아와 가로되, "저의 종이 집에 누워 몹시 고통을 받고 있사옵나이다."

예수께서 가라사대, "내가 손수 가서 고쳐주리라."

백부장이 대답하여 가로되, "내 집에 들어오심을 나는 감당치 못하겠사오니 다만 말씀으로만 하옵소서. 그러면 내 하인이 낫겠삽나이다. 나 자신도 남의 수하에 있는 사람이요, 내 아래에도 명령을 받드는 군병이 있으니, 이더러 가라하면 가고, 저더러 오라하면 오고, 내 종더러 이것을 하라하면 하나이다."

예수께서 이 말을 들으시고, 기이(奇異)히 여겨 돌이키사 좇는 무리에게 이르시되, "내가 너희에게 이르노니, 이스라엘 중 아무에게서도 이만한 믿음은 만나보지 못하였노라." 하시더라.

그리고 예수께서 백부장에게 이르시되, "이제 집으로 가라. 네 믿은 대로 될지어다." 바로 이 때에 그 하인이 나으니라.

Q 중에서 유일한 이적설화이지만, 사실상 이적설화라고 말할 수 없다. 그 중요성이 이적에 있는 것이 아니라 한 이방인의 믿음에 있고, 이적의 스토리에 중점이 있는 것이 아니라 예수의 말씀에 중점이 있다. 예수가 몸으로 사람을 만져 이적을 행한 것이 아니라 말씀을 전했을 뿐이다. 자료형태도 정확하게 로기온자료라기 보다는, 불트만이 말하는 바 아포프테그마 전승으로 분류될 수 있는 성질의 것이다. 예수의 결정적인 말씀을 이끌어내기 위한 상황이 설정되고 있는 것이다. 그러나 중요한 것은 어디까지나 말씀이다. 원래 단순한 로기온자료였던 것에 내러티브가 확대되었을 수도 있다.

여기의 백부장은 로마군의 백인대장(centurion)일 수는 없다. AD 44년 이전에는 갈릴리지역에 로마군이 상주하지 않았다. 여기서 말하는 백부장은 로마제국의 계열로 조직된 헤롯 안티파스의 군대 속의 중대장 정도 되는 인물이었을 것이다. 헤롯 안티파스는 헤롯대왕의 아들로서 로마제국으로부터 갈릴리와 베리아(Perea)지역을 분봉받았다. 여기 중대장은 유대인이 아닌 것은 확실하지만 로마인이라는 확실한 규정도 없다. 그러나 그는 확실하게 이방인이었다.

여기 "이스라엘"을 비하시키는 발언이 있어, 초대교회 내의 유대화파 사람들을 대적적으로 구분지우는 인식이 성립한 이후의 파편으로 보는 시각도 있지만(Q2층대), 갈릴리의 분방한 국제적 교류를 생각할 때에는, 역사적 예수그룹에게 이미 이방인에 대한 편견 없는 예수운동의 전파 자세가 있었다고도 볼 수 있다.

이 설화는 요한복음(4:46~54)에도 갈릴리에서 행한 두 번째 이적으로서 기록되어 있는데 거기에는 병든 자가 종이 아닌 아들로 되어 있다. 불트만은 원래 "아들"이라는 뜻을 가진 "파이스"(*pais*)를 누가가 잘못 이해하여 "종"의 의미로 사용했다고 보지만, 눅 7장 8절의 "둘로스"(*doulos*)는 문맥상 자연스러운 표현이고, 7절의 "파이스"는 백인대장이 그의 종에 대한 애정을 강조한 말이라고 본다면, "종"이 Q의 본의일 것이다. 누가는 둘로스(종)와 파이스(아들 같이 사랑하는 하인)를 동의어로 사용하고 있는 것이다.

본 장의 핵심은 "이적"이 아니라 "믿음"이다. 믿음을 전제로 하지 않는 이적은 이적이 아니다. 이러한 Q복음서의 사상이 후대 설화복음서의 이적설화의 주제를 이루었다고도 말할 수 있다.

다음부터 세 장은 예수와 요한의 관계를 나타내는 자료이다. 이 장들 속에서 예수는 세례요한에 대하여 부정적이지 않다. 하여튼 세례요한파와 예수파 사이의 갈등을 어떻게 조화시키느냐 하는 것은 초기 예수운동가들의 관심이었다고 보아야 한다.

제24장은 요한의 예수에게로의 탐문(John's Inquiry)과 예수의 요한에 대한 평가(Jesus' Eulogy of John)를 담고 있다. 제25장은 세례요한을 복음의 최초의 선포자로서 암시한다. 제26장에서는 세례요한과 예수의 다른 라이프 스타일이 현장감있게 묘사되고 있다.

세례요한이 옥에서 예수께서 하신 일을 듣고, 그의 두 제자를 보내어 예수께 여짜오되, "오실 그이가 당신이오니이까, 우리가 다른 이를 기다려야 하오리이까?"

예수께서 대답하여 가라사대, "너희가 가서, 듣고 보는 것을 요한에게 고(告)하되, 소경이 보며 앉은뱅이가 걸으며 문둥이가 깨끗함을 받으며 귀머거리가 들으며 죽은 자가 살아나며 가난한 자에게 복음이 전파된다 하라. 누구든지 나로 인하여 실족(失足)하지 아니하는 자는 복이 있도다." 하시니라.

요한이 보낸 자들이 떠난 후에, 예수께서 요한에 대하여 말씀하시되, "너희가 무엇을 보려고 광야에 나갔더냐? 바람에 흔들리는 갈대냐? 그렇지 않다면, 너희가 무엇을 보려고 나갔더냐? 아름다운 옷을 입은 사람이냐? 아름다운 옷을 입은 자들은 왕궁에서 호화롭게 살고 있느니라. 그러면 너희가 어찌하여 나갔더냐? 선지자를 보러더냐? 옳도다! 내가 너희에게 이르노니, 그는 선지자보다 더 나은 자니라.

기록된 바,
'보라, 내가 내 사자(使者)를 네 앞에 보내노니, 저가 네 길을

네 앞에 예비하리라.'

하신 것이 이 사람에 대한 말씀이니라.

내가 진실로 너희에게 말하노니, 여자가 낳은 자 중에 세례요한보다 큰 이가 없도다. 그러나 하나님의 나라에서는 극히 작은 자라도 저보다 크니라." 하시니라.

이 장은 물론 Q2층대에 속하는 파편이다. 많은 사람들이 이장의 내용을 지나치게 메시아사상의 맥락에서 해석하는데 그냥 평범한 에피소드로 읽어도 좋을 것이다. 요한으로 하여금 예수를 "오실 그이"(the Coming One)로 선포하게 만듦으로써 요한과 예수의 관계를 경쟁적이면서도 조화와 협력의 관계로 승화시키고 있다.

요세푸스의 『유대인고대사』에 의하면 세례요한은 헤롯대왕이 지은, 마캐루스 성채(The fortress of Machaerus)에 한 일년 정도 감금되어 있었다. 이것은 역사적 사실이다(*The Antiquities*, Bk. 18, Ch. 5, 119). 마캐루스 성채는 사해동편에 있는데 지금은 요르단에 속한다.

"나로 인하여 실족하지 아니하는 자는 복이 있도다."에서 "실족한다"는 문자 그대로 "걸려 넘어진다"는 뜻인데, 확신을 상실하는 것을 의미한다. 결국 "나에 대한 자신의 믿음을 지키고 포기하지 않는 자는 복되다."는 뜻인데, 요한에게 예수선교활동의 중요성을 깊게 생각하고 보다 지속적인 믿음을 유지하라고 요청하고 있는 것이다. 이에 대하여 요한이 어떤 반응을 보였는지는 밝혀지지 않는다.

"여자가 낳은 자"는 인간의 신체적 한계성을 전제하는 가장 명확한 표현이다. "여자가 낳은 자 중에 세례요한보다 큰 이가 없도다."라는 말은, 세례요한이야말로 인간세에서는 최상의 사람이라는 극찬이다. 예수는 인간적으로 요한에 대한 찬사를 아끼지 않았다.

요한을 구약의 선지자보다도 더 큰 인물로 평가했다. "그러나 하나
님의 나라에서는 극히 작은 자라도 저보다 크니라."라는 말은 예수
자신의 말이라기보다는, 예수가 너무도 과감하게 요한을 평가한 것
에 대하여, 그 의미맥락의 현란함을 누르기 위해 초기의 필사자가
삽입한 사족(蛇足)일 수도 있다. 성서에는 잘 뜯어보면 항상 유모어
감각이 배어있다.

Q25 (마 11:12~13, 눅 16:16)

　　세례요한의 때까지는 모세의 율법과 선지자들의 말씀의 시대
였다. 요한이 당도한 후로는 하나님 나라에 관한 복음이 전파되
었다. 지금은 사방에서 사람들이 천국에 들어가기를 갈망하고
있다.

　누가의 구절이든 마태의 구절이든 주석가들이 이 부분을 너무 애매
하게 해석한다. ① 이스라엘의 시대 ② 예수의 시대 ③ 교회의 시대
로 역사를 구획지어 그 틀에 맞추어 해석하는 콘첼만류의 풀이가
별로 설득력이 없다. 누가자료가 Q의 모습을 보다 충실히 반영한
다. 누가와 마태를 비교해보면, 누가의 순수한 의미맥락을 마태가
너무 호교론적으로 왜곡시킨 좋은 사례를 읽어낼 수 있다. 마태의
문맥은 그러한 왜곡으로 인하여 해석 자체가 어렵고도 애매하다.

따라서 많은 주석을 양산한다.

이 장에서도 예수는 세례요한을 순수하게 인정한다. 예수는 시대구
분을 하는 것이 아니다. 모세의 율법과 선지자들의 협박을 혐오하는
자신의 역사의식, 시대정신을 표방한 것이다. 그리고 모세와 선지자
의 구약적 율법의 시대를 종결시키고 복음을 선포한 최초의 사상가
로서 예수 자신이 아닌, 세례요한이라는 존재의 가치를 천명하고 있
다. 세례요한은 예수의 스승이었다. 세례요한은 예수에게 세례를 베
풀었고 천국을 가르쳐준 지혜의 스승이었다. 그는 그의 스승인 세례
요한을 "복음의 최초의 선포자"로서 선포하고 있는 것이다.

이 천국에 관한 복음(좋은 소식)은 사람들의 마음을 움직였다. 그들
의 생각의 회향(메타노이아)이 일어난 것이다. 복음 이전의 시대는

선천개벽의 시대요, 복음 이후의 시대는 후천개벽의 시대다. 그 선천개벽과 후천개벽의 분기점에 요한이 서있다. 이제 회개(悔改)가 아닌 회심(回心)을 할 줄 알게 된 뭇사람들이 천국운동에 참여하기를 갈망하고 있다. 세례요한이 최초의 씨앗을 뿌렸고 그 후천개벽의 새로운 운동이 예수로 인하여 결실을 맺어가고 있는 모습을 예수는 흐뭇하게 이야기하고 있는 것이다.

"천국에 들어가기를 갈망하고 있다."는 표현은 개역판에 "사람마다 그리로 침입하느니라."로 되어있는데 이것은 마태의 왜곡의 영향을 역으로 받은 좀 과도한 표현방식이다. "파스 에이스 아우텐 비아제타이"(*pas eis autēn biazetai*)는 "모든 사람이 억지로라도 뚫고 들어가려고 애쓰고 있다."는 뜻으로, 어떠한 희생이나 위협을 무릅쓰고서라도 천국에 들어가기를 갈망한다는 뜻이다.

성서는 항상 소박하게 읽어야 한다. 지나치게 의미부여를 하거나 선입견 때문에 구구한 낭설을 도배질하는 신학논쟁을 삼가야 한다. 많은 사람들이 이런 구절에서도 세례요한이 최초의 복음의 선포자라는 단순한 사실을 용인하기가 두려운 것이다. 성서를 읽는 자들이 어찌 그다지도 협애한 마음에 사로잡혀 있을까?

Q26 (마 11:16~19, 눅 7:31~35)

예수께서 가라사대, "이 세대의 사람들을 무엇으로 비유할꼬? 무엇과 같을꼬? 비유컨대 아이들이 장터에 앉아 서로 불러 가로되, '우리가 너희를 향하여 피리를 불어도 너희가 춤추지 않고, 우리가 슬픈 노래를 불러도 너희가 울지 않는구나.' 함과 같도다.

세례요한이 와서 떡도 먹지 아니하며 포도주도 마시지 아니하매, 너희 말이 '신 들렸다.' 하더니, 인자(人子)가 와서 먹고 마시매, 너희 말이 '보라! 이 사람은 탐식가요, 술주정뱅이요, 세리들과 부랑자들의 친구라.' 하나라.

그러나 지혜는 지혜의 모든 자녀들로 인하여 옳다 함을 얻느니라."

매우 인간적이고 은유에 풍부하며 예수 당시의 사람들의 예수와 세례요한에 대한 인식을 매우 진솔한 언어로 표현한 위대한 기록이라 하겠다.

우선 "이 세대의 사람들"(the men of this generation)을 신학자들은 Q공동체와 Q공동체가 직면한 사회와의 긴장관계로 풀이하여 Q2시대의 호교론적 담론, 충돌담론, 갈등담론으로 규정하지만 구태여 그렇게 도식적으로 성서를 분석할 필요가 없다. 예수시대에도 이미 예수운동에 참여한 사람들과 그 써클 밖의 사람들과의 긴장관계는 충분히 예상된 것이다. "이 세대"라는 표현만 나오면 무조건 그것을 기준으로 호교론적 입장과 더 나아가서는 종말론적 입장으로 풀이하는 것은 성서이해의 바른 태도가 아니다. 기껏해야 그것은 하나의 가능성일 뿐이다.

여기 장터는 "아고라"(*agora*)이다. 장터에서 서로를 나무라면서 싸우는 어린이들의 짓궂은 모습을 통해 예수는 천국 선포의 좌절감을 나타내고 있다. 피리를 불어 춤을 추게 한다는 것은 결혼식에서 즐거운 축제의 분위기를 연출하는 것이다. 이렇게 기쁜 자리에서 풍악을 울리면 응당 친구들은 감정을 맞춰주면서 춤을 추고 그 기쁨을 같이 해야 정상이다. 그런데 얄궂은 아이들이 골만 부리고 같이 춤을 추지 않는 것이다. 또 마찬가지로 장례식에서 슬픈 곡을 노래하면(哭을 하면) 같이 울어 슬픔을 나누어야 하는데 짓궂은 아이들은 골만 부리고 같이 울지 않는 것이다.

예수가 천국을 선포하는 행위는 같이 기뻐 춤추고 같이 슬퍼 눈물을 흘리는 일상적 동고동락(同苦同樂)의 감정 속에서 진실하게 이루어지는 것이나 당대의 많은 사람들, 특히 바리새인이나 율법사 같은 지식인들이 천국선포를 빈정대고 받아들이지 않은 것이다. 그 좌절감을 예수는 매우 코믹하게 그리고 솔직하게 장터 아이들의 모습으로 표현한 것이다.

그 다음의 이야기가 더욱 재미있다. 당대의 사람들에게 비친 세례 요한의 모습은 사람들과 같이 먹고 마시지 아니하며 단식하는 금욕

주의자(an austere ascetic)였다. 크로쌍은 요한의 금욕주의는 아포칼립틱한 맥락을 지니고 있었다고 본다. 같은 천국이라도 세례요한의 천국은 종말론적 천국이었다. 쿰란공동체 사람들이 그러했듯이 종말을 기다리는 참회의 죄인으로서 삶의 자세를 취했던 것이다.

그러나 예수의 천국은 "지금, 여기"의 천국이었다. 따라서 천국의 임박은 미래적 사건이 아니라 현세적 실천의 정언명령이었다. 예수는 금욕주의자가 아니었다. 예수는 사람들과 같은 밥을 나누어 먹고 같이 술을 마시면서 천국을 선포했다. 가난한 자, 배고픈 자들에게는 "배부름"이야말로 하나님의 나라의 실재를 의미하는 것이었다. 예수는 갈릴리 전역에 유포되어 있는 상인들이나 중농 이상의 부농들이나 기술자들의 길드조직으로 구성된 광범위한 공급과 분배의 네트워크와 지역공동체들의 매개를 활용하여 "같이 먹고 같이 마시는" 운동을 전개하였던 것이다. 그리고 예수의 천국은 빈부나 신분이나 계층이나 남녀노소를 가리지 않았다. 마지막 심판의 날을 전제로 한다 해도, 유대인들은 심판은 이미 선택받은 이스라엘사람들에게는 해당이 되지 않는다고 생각했다. 그러나 예수는 이스라엘사람들이야말로 심판의 대상이라고 생각했다. 쿰란공동체사람들은 자기들만이 구원되고 쿰란 외의 모든 사람들은 파멸될 것이라고 생각했다. 예수는 그 따위 구획을 허락하지 않았다. 모든 사람이 하나님의 심판에 노출되어 있는 것이다. 그리고 예수는 특히 구원의 대상으로서 여자를 배제하지 않았다. 이스라엘 전통에서는 이브의 선악과(善惡果) 때문에 여자는 타락한 존재며 구원의 가능성이 없다고 생각했다. 유대인 남자들은 남자로 태어난 것을 하나님의 최대의 축복으로 생각했고 일상적 삶 속에서 여자를 경멸했다. 그러나 예수에게는 이러한 금기가 없었다. 여자야말로 오히려 천국을 쉽게 볼 수 있는 사람들이요, 편견 많은 남자보다 더 훌륭한 구원의 대상이었다. 그렇기 때문에 예수운동을 여자들이 좋아했고 당대의 경제적으로 여유있는 많은 여자들이 예수를 따랐고 예수운동의 재정을 도왔다. 막달라 마리아, 야고보와 요세의 엄마 마리아, 글로바의 아내 마리아, 베다니 나사로집안의 마르다와 마리아, 헤롯의 청지기 구사의 아내 요안나, 수산나, 세베데의 아내 살로메, 귀한 향유 한 옥합을 예수의 머리에 붓는 여인, 예수의 최후를 지킨 십자가 밑의 여인들, 예수의 무덤에 제일 먼저 달려간 여인들, 이들 모두가 예수운동의 재임(齋任)들이었다. 이들이야말로 예수의 수난과 죽음과 부활을 지키고 목도한 사람들이었다. 수난설화를 창작한 작가들도 이 연약한 여인들의 의리있는 신념을 외면치 아니한 것이다. 식탁교제운동도 바로 이러한 여인들의 지원으로 현실적으로 가능했던 것이다.

요한은 단식하였고, 예수는 잔치를 벌였다. 그러나 금욕하는 요한 (fasting John)에게는 "미친놈"이라고 험담을 마다하지 않았고, 잔치를 즐기는 예수(feasting Jesus)에게는 "게걸스러운 먹보"요, "술주정뱅이"요, "세리와 부랑자의 친구"라고 욕설을 퍼부었던 것이다.

"떡"과 "포도주"는 마태에는 생략되어 있으나 그 목적어가 있는 누가 텍스트가 Q에 더 가깝다.

"신들렸다"고 내가 번역한 구절은 개역판 표현대로 "귀신이 들렸다"(He has a demon.)는 뜻인데, 우리말로 하면 "미친놈"이라는 뜻이다. 당대인들이 세례요한 보고 미친놈이라고 한 것이다.(He is crazy.)

예수가 세인이 규정한 말을 옮기는 맥락이지만, 자기 스스로를 지칭하여 "먹기를 탐하는 먹보"(*pharos, a glutton*), "술주정뱅이"(*oinopotēs, a drunkard*), 그리고 "세리와 부랑자의 친구"라 말한 것은 성서라는 텍스트의 발랄함과 그 가식없는 표현력에 대하여 우리의 새로운 인식을 요청하는 것이다. 예수는 먹보, 술주정뱅이로 보일 정도로 가식이 없는 인간이었다. 예수는 부랑자들과 쇠주를 마시고 취할 줄 아는 사람이었다.

나의 번역, "부랑자"는 "죄를 짓는 사람"(*amartolon*)이지만(개역판 번역은 "죄인"), "죄인"이라는 번역은 원죄라는 개념에 물들어 있어 좋지 않다. 여기서는 죄를 짓지 않고서는 살아갈 길이 막막한 "아웃캐스트들"(outcasts), 즉 그 사회로부터 소외된 빈곤층이요 부랑민들이었다.

신란(親鸞, 1173~1262, 淨土眞宗의 開祖)이 "들짐승이라도 잡아먹어야 살 수밖에 없는 굶주린 그대들이여, 살생할 수밖에 없는 그대들이여, 그대들이야말로 해탈의 자격이 있다."고 절박하게 외쳤던 것처럼, 소외당한 자, 부랑하는 자, 굶주린 자들이야말로 예수에게는 "친구"였다.

여기 "인자"(the son of man)라는 표현에는 특별한 해석이 전혀 필요없다. 인자라는 말만 나오면 종말론적 해석을 가하거나 특수한 맥락을 부여하려고 주석가들이 애쓰지만, 여기 "인자"에는 전혀 종말론적 색채가 없다. 예수는 단지 "사람의 아들"로서 자신을 인식했을 뿐이다. 그것은 아람어에서 유래한 아주 평범한 1인칭표현일 뿐이다. "인자" 담론에서 일관된 의미맥락을 찾으려는 시도는 허망한 노력이다.

미친놈으로 보이는 금욕적인 요한이나 술주정뱅이로 보이는 잔치 애호적인 예수나, 아무리 "이 세대 사람들"이 악담을 퍼부어도, 모든 훌륭한 지혜의 구현자들이라고 예수는 선포한다.

제일 마지막 부분(눅 7:35)에 나오는 "지혜"(소피아)라는 말에 대해서도 특별한 의미를 부여할 필요가 없다. 여기 "지혜"는 의인화(인격화) 되거나 고유명사처럼 실체화 되어서는 아니된다. Q의 지혜는 구약의 지혜문학의 지혜가 아니요, 일차적으로 예수의 지혜다. 역사적 지평 속에 살아있는 예수의 지혜담론을 지나치게 죽어있는 유대교전통 속에서 해석하기 때문에 예수의 발랄한 모습이 가려질 때가 너무 많다. 불트만을 비롯한 많은 신학자들이 이러한 오류를 범하고 있다. 예수는 단지 요한과 자기를 아주 상식적인 맥락에서

"지혜로운 사람들"이라고 선포하고 있는 것이다. 그것은 당대인들의 왜곡에 대한 무섭도록 처절한 자신감의 과시이다. 그리고 그는 말한다: "지혜로움이라고 하는 것은 오직 지혜의 가르침을 실천하는 사람들의 구체적 행위(*ergon*, 마태의 표현)로써만 입증될 뿐이다." 얼마나 자신있는 주장인가? 그 얼마나 정직하고 객관성이 있는 주장인가? 지혜는 또 하나의 미신적인 하나님이 아니라, 오직 인간의 행위를 통해서만 입증되는 형용사적 사태일 뿐이다.

이 장에서 세례요한과 예수의 이야기가 끝난다. 다음 장에는 예수를 따르려는 세 사람의 이야기(Three Followers of Jesus)가 이어진다. 예수의 제자됨에 관한 강렬한 규정(Discipleship and Mission)이 내려지고 있다.

예수의 일행이 길을 가고 있을 때에, 어떤 이가 여짜오되, "어디로 가시든지 저는 좋으리이다."

예수께서 가라사대, "여우도 굴이 있고, 공중의 새도 둥지가 있으되, 인자(人子)는 머리 둘 곳이 없도다." 하시니라.

또 다른 사람에게, "나를 좇으라." 하시니, 그가 가로되, "나로 먼저 가서 내 부친을 장사하게 허락하옵소서." 예수께서 가라사대, "죽은 자들로 하여금 자기의 죽은 자들을 장사하게 하라. 너는 가서 하나님 나라의 복음을 전파하라." 하시니라.

또 다른 사람이 가로되, "주여! 내가 주를 좇겠나이다 마는 나로 먼저 내 가족을 작별케 허락하소서." 예수께서 이르시되, "손에 쟁기를 잡고 뒤를 돌아보는 자는 하나님의 나라에 합당치 아니하니라." 하시니라.

매우 강렬한 에피소드이다. 예수의 제자됨에 관한 조건(on becoming a follower of Jesus)이 간결하고 명료하게 서술되고 있다. 첫 케이스에서도 "인자"(人子)는 그 평범한 의미맥락이 명료해진다. 이 이야기는 도마복음서 제86장에도 그대로 채록되어 있다. 여우도 굴이 있고, 새도 둥지가 있는데, 즉 그러한 동물도 몸 둘 곳

이 있는데, 정작 사람인 나에게는 정착할 수 있는 보금자리가 없다는 뜻이다. 대부분의 주석가들이 여기의 "인자"(人子)는 종말론적이거나 특별한 의미규정이 없는 문자 그대로의 "사람의 아들"임을 맥락적으로 시인한다. 여기서 생각해야 할 것은 예수의 삶의 "방랑자적 성격"이다. 예수의 천국선포는 어떤 영토를 주장하여 뜻에 맞는 사람들끼리 커뮤니티를 만들어 정착하고자 하는 운동이 아니었다. 신앙촌이나 쿰란을 만들어 상부상조하면서 살자는 운동이 아니었다. 그것은 인간의 "생각의 전환"이며, 무형의 정신적 운동이며, 소유와 집착을 거부하는 방랑의 카리스마의 낙관적 개혁이었다. 로마제국이나 여타의 모든 정치적 행위가 "영토적 욕심"에 집착하고 있었던 시대적 상황을 생각하면 예수의 운동은 가히 혁명적인 것이었다.

두 번째 케이스에서 부친의 장례를 지낸다고 하는 것은 모든 공적인 행동에 앞서는 효(孝)의 의무이며 종교적 의무이기도 했다. 보통 죽은 시체를 만지지 않아야 하는 사제들도 한식구인 부모와 아들과 딸과 형제의 시체, 그리고 시집가지 않은 친누이의 시체는 만지는 것이 허락되었다(레 21:1~3). 그러나 이러한 중요한 의무를 이행해야 하는 상황에서도 예수의 입장은 단호하다: "죽은 자들로 하여금 죽은 자를 장사케 하라." 이 말의 해석이 매우 어렵다고 하지만, 그 의미는 매우 명료하다. "죽은 자로 하여금"의 "죽은 자"는 실제로 죽은 자가 아니라, "영적으로 죽은 사람들" "예수를 따를 수 있는 마음의 준비가 안된 사람들"이다. 하나님의 나라는 죽은 자들의 것이 아니다. 그것은 살아있는 사람들의 문제일 뿐이다. 하나님 나라, 천국을 "죽은 자들의 천당"으로만 생각하는, 기껏해야 바울이 말하는 추상적 부활의 은총으로만 생각하는 한국의 기독교인들에게는 깊은 성찰을 요구하는 예수 자신의 말씀이다. 음산한 "죽음의 제식"이 발랄한 "삶의 천국"보다 앞서야 하는 사람들은 결단코 예수의 제자가 될 수 없는 것이다. 예수 당대의 복음선포의 긴박성이 매우 리얼하게 표현되고 있다.

세 번째 케이스도 마찬가지다. 열왕기상 19:19~21에는 엘리사가 엘리야를 따라나서는 장면이 묘사되어 있는데, 이 때도 엘리사가 먼저 집에 가서 부모님께 작별인사를 하는 것이 허용되었다. 바로 예수는 이러한 상식적 유대인 관행조차도 거부하고 있는 것이다.

"손에 쟁기 쥐고 뒤돌아본다"는 표현은 궁극적인 것과 부차적인 것을 혼동하는 사태에 관한 관용구적 표현일 것이다. 과거의 삶의 안락에 집착하는 자는 천국을 맞이할 수 없다. 갈릴리지역의 밭은 돌이 많고 척박하다. 또 쟁기는 두마리의 황소(겨릿소) 사이로 밭고랑을 통과하는데, 한 손(보통 왼손)으로 쟁기를 누르고 한 손으로 2m 길이의 채찍으로 다루기 어려운 황소들을 휘몬다. 이 밭갈이 방법은 숙련과 집중을 요한다. 쟁기질 하는 사람이 한눈을 팔면 새로나는 고랑은 비뚤어진다. 예수운동에 가담하려는 자들은 이와같이 단호하게 과거를 잇는 교량들을 모두 끊고 오직 다가오는 하나님 나라만을 주시해야 한다. 쟁기 뒤로 가는 것은 잊고 쟁기 앞으로 전개되는 고랑만을 응시해야하는 것과 같다.(예레미아스, 『예수의 비유』, p.189).

다시 한 번 말하지만 천국은 장소(*topos*) 개념이 아니며, 따라서 "천당"이 아니다. 천당(天堂)이라는 말은 기독교에 존재하지 않는다. 성서에 한 구절도 없다. 그것은 통속화된 불교신화의 한어적(漢語的) 표현일 뿐이다. 천당을 말하는 자들은 모두 그들이 천시하는 민간신앙의 경배자들일 뿐이다. 따라서 천국의 복음을 선포하는 예수의 제자가 된다고 하는 사태는 지금 바로 여기 이 순간의 사건이다. 미뤄놓고 다음에 처리해야 할 어떤 실체가 아닌 것이다. 지금 여기, 예수의 제자가 되라!

전체적으로 이 장의 대화들도 유모어 감각을 잃지 않고 있다. 천국이 선포되고 있는 마당에 아버지 장사를 치러야 한다든가 가족에게 작별인사 해야 한다든가 하는 상황설정이 일종의 개그인 것이다. 종교란 본시 코믹한 것이다. 권위주의란 진리를 상실한 자신없는 중생들의 도피처일 뿐이다.

다음 장부터는 예수가 제자들을 파송하면서 당부하는, 천국의 도래를 위하여 일하는 자들의 삶의 자세에 관한 이야기(The Mission Speech)가 이어진다. 그것은 예수운동에 관한 지침(Instructions for the Jesus Movement)이기도 하다.

Q28 (마 10:16; 9:37~38, 눅 10:2~3)

> 예수께서 가라사대, "추수할 것은 많으나 일꾼이 적도다. 그러므로 추수하는 주인에게 저 들판으로 추수할 일꾼들을 더 보내어 주소서 하고 청하라. 너희 길을 갈지어다. 보라! 내가 너희를 보냄이 어린 양을 이리 가운데로 보냄과 같도다."

예수운동은 분명 예수 개인의 운동은 아니었을 것이다. 예수를 따르는 사람들도 예수의 신념을 같이 전파하였을 것이다. "추수한다"는 것은 천국을 선포하는 일에 비유된다. 그러나 일꾼이 부족한 것이다. 일꾼의 부족을 감지하는 사람은 예수일 뿐 아니라, 제자들 자신이다. 그들은 끊임없이 뜻을 같이 할 수 있는 사람들을 규합해야

한다. 하나님께 일꾼들을 더 요청해야 한다. 예수의 입장에서도 제자를 파송하는 일은 "어린 양을 늑대 가운데로 보내는 것과도 같다." 그만큼 험난한 길이다. 예수운동과 이 세상과의 적대적 관계가 암시되고 있다. 그들은 어린 양처럼 모든 위험에 노출되어 있으며 보호막이 없다. 그들이 의존해야 할 것은 오로지 하나님 나라에 대한 믿음이요, 진리에 대한 신념일 뿐이다.

Q29 (마 10:9~10, 눅 9:3; 10:4)

너희 전대에 금이나 은이나 동을 지니지 말라. 여행을 위하여 지갑이나, 배낭이나, 샌달을 가지고 다니지 말라. 여벌의 속옷 이나, 지팡이도 가져오지 말라. 길에서 아무에게도 문안하지 말라.

─────────────

예수운동의 참가자들에게 예수가 직접 지시하는 파송훈시인데, 싯 달타 초기승가의 걸식규율이나, 요즈음 이판 수행승들의 만행을 연상케 한다. 갈릴리지역에는 당시 이렇게 수행을 목적으로 유랑 하는 카리스마(영적 지도자)들이 많았다. 여기 배낭을 걸머매고 지 팡이를 들고 만또를 걸치고 수염을 깎지 않으면 대체적으로 예수 와 같은 모습이 떠오를 것이다. 그러나 예수의 모습은 실제로 다른 면모가 있었다.

─────────────

지팡이를 들고 배낭을 걸치면 당대의 보통 방랑하는 견유학파 철인 (a Cynic wanderer)의 모습이 된다. 그러나 예수는 이러한 판에 박힌 모습을 거부한다. 그 원칙은 철저한 무소유다. 실상 뱀이 많은 지역에는 지팡이와 샌달이 없이는 다니기 힘들었다고 한다. 예수는 지팡이도 지니지 말고, 신발도 없이 맨발로 다니라고 지시한다. 일체의 돈도 허리전대에 꼬불쳐서는 아니된다. 엣세네파는 자기들의 공동체 거점이 있어서, 요즈음 절처럼, 다음 행선지까지의 음식과 여비를 제공받았다고 한다. 그러나 예수운동에는 그런 거점도 없고, 그러한 노자도 제공되지 않는다.

마가는 누가의 이 가혹함을 완화시켰다. 그리고 지팡이와 신발만은 허락했다(막 6:8~9). 아마도 마가는 장거리여행의 현실적 어려움을 고려하여 Q를 변형시켰을 것이다. 그러니까 마가보다 마태·누가의

Q가 더 오리지날한 상황을 반영한다는 것을 이러한 예에서도 쉽게 알아차릴 수 있다. Q의 상황은 갈릴리지역의 단거리 여행이었을 것이다.

길거리 지나가다가 공연스레 사람들과 인사하지 말라고 지시한다. 동방적 미덕을 발휘하지 말라는 뜻이 되겠지만, 그 본의는 선교사업의 본래적 목적에서 마음이 이탈되는 것을 방지하기 위함에 있다. 길거리에서 괜히 인사하다가 장시간 노가리를 풀 수도 있고 예기치 못한 인간잡사에 휘말릴 수도 있다. 예수와 그의 제자들의 여행은 만행(漫行)이 아닌 천국의 선포였다.

Q30 (마 10:11~12, 눅 10:5~9)

어느 집에 들어가든지, 먼저 말하되, "이 집이 평화로울지어다." 하라. 만일 평화를 사랑하는 사람이 거기 살면, 그들은 너희 축복을 받을 것이다. 그렇지 않으면 그 축복은 너희에게로 돌아오리라.

그 집에 유하며 그들이 주는 것을 먹고 마시라. 일꾼이 그 삯을 얻는 것은 마땅하니라. 이 집에서 저 집으로 옮기지 말라.

어느 동네에 들어갔을 때 사람들이 너희를 영접하거든, 너희 앞에 차려놓은 것을 먹고, 거기 병자가 있거든 고쳐주라. 그리고 동네사람들에게 말하라. "하나님의 나라가 네 문지방에 와있다."

이 장에서 "어느 집," "어느 동네"의 표현이 말해주듯이 예수운동은 갈릴리의 작은 동네들을 단위로 이루어졌을 가능성이 높다. 어느 동네에서는 예수운동을 호의적으로 받아들이고, 어느 동네에서는 배척했을 것이다. 우리나라 마을을 생각하면 이해가 쉬울 것이다. 그 마을에서 제일 높은 "꼰대"가 수용하면 대강 동네 전체 분위기가 움직일 것이다.

노상에서는 공연히 인사하지 말 것이지만 일단 어느 집에 숙박을
정하게 되면 정중한 인사를 차려야 한다. "평화"를 빌어야 한다. 평
화를 비는 것은 "평화의 아들"에게는 아름답게 수용될 것이다. 그
러나 평화를 배척하는 자에게도 평화를 비는 것을 삼갈 필요는 없
다. 평화를 비는 것은 항상 그 평화가 비는 자에게로 되돌아오기
때문이다.

한 동네에 들어가 어느 집에 숙소를 정했으면 숙소이동은 하지
말라는 것이다. 공동체생활에서는 의리를 지키는 것은 중요한 일
이다. 어디 더 좋은 집이 없을까 하고 방정맞게 궁둥이를 옮기는
것은 대접하는 사람의 마음을 상케 한다. 대신 대접을 하면 그 대
접을 즐거운 마음으로 거리낌없이 받으라고 권유한다. 일꾼이 삯
받는 것처럼.

병든 자를 고쳐주라는 것은 당시 예수운동이 중공(中共)사회의 나족의(裸足醫)운동과도 비슷한 성격을 띠고 있었음을 의미한다. 복음서를 너무 신비적으로, 이적적으로 해석하는 데 익숙해 있지만, "병든 자를 고쳐주는 것"은 이적행위가 아닌 매우 상식적 의료행위인 것이다. 지금도 각국의 병원 의사마크가 대강 지팡이에 뱀이 감겨있는 모습인데 이것은 희랍사회의 아스클레피우스 종교(Asclepius cult)에서 유래된 것이다. 아폴로의 아들인 아스클레피우스는 그레코-로망세계에 있어서 의학의 신이었다. 그 종교와 관련된 많은 진료소, 건강센터들이 갈릴리지역에도 널리 퍼져있었다. 중풍, 두통, 눈병, 종양, 청각장애, 상처, 수태문제, 소화기질환, 정신질환 등의 병을 고치는 지혜가 특수 그룹에는 전수되었다. 그러니까 현실적으로 예수운동의 지도자들은 이러한 질병치유의 지혜를 소유한 사람들이었을 것이다. 예수운동은 동네에서 이러한 질병

치유의 혜택을 베풀고, 대신 돈을 받는 것이 아니라 천국을 선포한
다: "천국이 네 집 문깐에 와있다." 이런 표현은 사람들에게 매우 친
근한 느낌을 주었을 것이다. 천국은 갈릴리 농민들에게도 이해하기
쉬운 것이어야 했다.

어느 동네에 들어가든지 너희를 영접치 아니하거든, 그 동네 거리로 나와서 외쳐라. "너희 동네에서 우리 발에 묻은 먼지일랑 너희에게 떨어 버리노라. 그러나 하나님의 나라가 가까이 온 줄을 알라."

내가 너희에게 말하노니, 저 날에 소돔과 고모라가 그 동네보다 견디기 쉬우리라.

화 있을진저, 고라신아! 화 있을진저, 벳새다야! 너희에게서 행한 모든 권능을 두로와 시돈에서 행하였더라면, 저희가 벌써 베옷을 입고 재를 뒤집어 쓰고 삶의 방식을 바꾸었으리라. 심판의 때에 두로와 시돈이 너희보다 견디기 쉬우리라.

그리고 가버나움아! 네가 하늘에까지 높아질 줄 아느냐! 너는 음부에까지 낮아지리라.

너희 말을 듣는 자는 곧 내 말을 듣는 것이요, 누구든지 너희를 저버리는 것은 곧 나를 저버리는 것이요, 나를 저버리는 자는 나를 보내신 이를 저버리는 것이라.

여기 지명들이 많이 나오는데 갈릴리바다 북단에 가버나움 (Capernaum)이 있고, 가버나움 서북쪽으로 약 5킬로 지점에 고라 신(Chorazin, 현재의 Kirbet Keraze)이 있고, 벳새다(Bethsaida

Julius)는 가버나움 동북쪽으로 7킬로 정도 떨어져 있는데 요단강 동편에 있다. 가버나움은 예수활동의 본거지이고 그 주변도시 고라신, 벳새다도 물론 부촌으로서 예수운동의 활동영역이었다.

두로(Tyre)와 시돈(Sidon)은 갈릴리 북방 페니키아지역의 해변도시로서 매우 일찍이 헬라화된 개방적 분위기의 대도시였다. 갈릴리 예수에게는 현재 우리에게 뉴욕 맨해튼이 주는 느낌과 같은 느낌을 주는 대도시였다. 두로와 시돈은 BC 64년 로마에 의해 시리아주(the Roman province of Syria)로 편입되었지만 상인들에 의하여 왕권이 제약되는 독특한 정체를 지니는 자치왕국의 모습을 유지했다. 그러나 유대인들의 관념 속에서는 이 지중해연안도시들은 바알신앙의 본거지로서 구약의 선지자들에 의하여 끊임없이 저주가 내려진 곳이었다(이사야 23장, 에스겔 26~28장, 요엘 3:4, 아모스 1:9~10, 스

가라 9:2~4). 2006년 여름, 헤즈볼라의 소탕이라는 명목하에 이스라 엘군이 무차별한 폭격을 감행하였던 곳도 바로 시돈이었다(현재 레바논에 속함). 그러나 예수는 친근한 고라신과 벳새다와 이방적인 두로와 시돈의 가치판단을 역전시키고 있다. 예수는 항상 안락한 영역의 질서를 전복시키고 있는 것이다. 예수운동의 본거지인 가버나움에 대해서도, 자만에 빠져 하늘에까지 높아진 듯 생각하나, 하데스(Hades)에 떨어지는 치욕을 당할 것이라고 저주를 퍼붓는다.

"발에 묻은 먼지를 다 떨쳐버린다"는 표현도 혹독한 저주와 항의의 표시이다. 유대인 습관에 이방인의 땅을 밟았다 떠날 때에는 그 땅에서 신발과 옷에 묻은 모든 먼지를 그 땅에 털어놓고 떠난다. 그 땅의 오염으로부터 나는 깨끗하다는 표현이다. 그리고 그곳은 이스라엘백성의 땅이 아니라는 선언이다. 예수의 복음을 받아들이

지 않는 땅은 오염된 곳으로 심판에 복속될 수밖에 없다는 경고이
다.(마 10:14, 막 6:11, 행 13:51).

"베옷을 입고 재를 뒤집어 쓰고"라는 표현은 모두 슬픔과 참회를
나타내는 유대인 습관에서 온다(욘 3:5~6). "베옷"으로 번역한 삭코
스($\sigma\acute{\alpha}\kappa\kappa o s$)는 낙타나 염소의 털로 만들어진 거친 천인데 살 위에
입으면 그것이 슬픔이나 유감을 표현한다. 우리나라도 베옷이 거칠
수록 더 슬프다는 것을 나타낸다. 그리고 재를 머리에 뿌려 더 슬프
다는 것을 나타낸다. 잿더미 위에 앉을 수도 있다.

고라신은 지금 가봐도 멋있는 회당과 옛 집터의 유적들이 남아있다.

"저 날" "심판 때" 같은 표현 때문에 종말론적으로 해석하기 일쑤

이나, 유대인의 관념 속에서 심판의 그 날은 시간의 종료나 우주의 종말이 아니라 시간 속에서 반복되는 하나님의 진노였다. 따라서 관용구적인 표현으로 해석할 수도 있다. 불트만처럼 후대 종말론적 교회의 창작이라고 일괄적으로 간주하기만은 힘들 것이다.

마지막에 "나를 저버리는 자는 나를 보내신 이를 저버리는 것"이라는 표현도 성서기자들의 습관적인 문장패턴의 소산일 수도 있다.(요 5:23).

시돈을 생각하면 열왕기상·하편에 너무도 드라마틱하게 기록되어 있는 이세벨(Queen Jezebel)이라는 여인의 삶과, 야훼신앙과 바알신앙의 격렬한 대결이 생각난다. 그것은 단순한 신들의 이야기가 아닌, 고대 이스라엘 역사 자내(自內)의 바알숭배 계층과 야훼숭배

계층 사이의 필연적 갈등의 사회사가 숨겨져 있을 것이다. 그리고 이 모든 갈등은 야훼숭배자들에 의하여 기술된 것이기 때문에 그 실상을 객관적으로 알기는 어렵다. 야훼숭배자들의 실정(失政)을 은폐하기 위하여 이방인 관련 역사를 악랄하게 왜곡했을 수도 있다. 그것이 구약의 드라마들이다. 이세벨은 시돈의 왕인 에드바알(Ethbaal)의 딸로서 북이스라엘의 최전성기를 구가한 오므리왕조의 왕 아합(King Ahab)과 결혼하고, 사마리아에 바알산당을 짓고 그 안에 바알제단을 세웠다.(왕상 16:31~32). 북이스라엘 전역에 바알신앙을 열렬하게 유포시켜 엘리야 선지와의 대결을 유발시켰고 결국 바알과 아세라(Ashera)의 예언자 850명이 참살되는 참극이 벌어지고 말았다. 이세벨은 결국 대비마마로서 예후 정변으로 쓰러지고 마는데, 머리를 꼿꼿이 세우고 끝까지 왕후의 위엄을 잃지 않았다.

그녀는 최후의 순간에도 애걸치 않는다. 눈화장을 하고 화려한 머리치장을 한 후 당당한 왕후의 모습으로 창가에 서서 예후를 야단친다. 그녀의 위엄에 주눅들어 다급해진 예후가 소리친다. "저 년을 떨어뜨려라!" 내시들이 이세벨을 떨어뜨리자 피가 담벽과 말에 튀었다. 예후가 탄 말이 그 몸을 짓밟았다. 예후가 나중에 마음에 걸려 그녀의 시체를 묻어주려 하였다. "그래도 시돈의 왕의 딸인데." 나가보니 이미 시체는 사라지고 해골과 손발만 남아있었다. 예후는 말한다. "엘리야의 예언이 이루어졌구나. 이스르엘의 밭에서 개들이 이세벨의 시체를 먹으리라."(왕하 9:30~37).

이세벨은 시돈의 여인이었다. 그러나 예수는 이방 시돈에 대해서도 관대했다.

예수가 두로와 시돈에 대하여 관대함을 보이는 의식의 저변에는 바로 두로와 시돈이야말로 서구문명의 뿌리라고 말할 수 있는 페니키아문명(Phoenician Civilization)의 중심지라는 역사적 사실이 자리잡고 있다는 것도 기억할 필요가 있다. 페니키아라는 이름은 후대에 희랍사람들이 그 지역에서 생산되는 붉은 염료(*phoinix*, red-purple)때문에 붙인 통속적 호칭이고, 그들은 자신들을 스스로 "가나안 사람"(Canaanites)이라고 불렀으며, 그것은 "상인"이라는 의미였다(사 23:8, 슥 14:21). 이집트의 4왕조(c.2613~c.2494 BC)의 지배를 받으면서 이집트문명을 흡수하였으며, 아카디아, 힛타이트. 필리스턴, 앗시리아, 바빌로니아, 페르시아, 희랍, 로마제국의 지배를 차례로 받으면서도 도시국가연합체로서의 아이덴티티를 유지시켰다. 그리고 사이프러스, 북아프리카(카르타고)지역을 포함하여 지중해연안에 광범위한 식민지를 개척하여 끊임없이 이 지역 문명을 소통시켰다. 그리고 메소포타미아의 설형문자를 발전시켜 이미 BC 15세기에는 자신의 독특한 22자 알파벳을 만들었다. 그것이 바로 희랍문자의 모태가 되었으며, 오늘날 서양알파벳의 조형이 된 것이다. 두로와 시돈이야말로 개방적 서구문명의 근원이었다. 역사적 예수는 율법에 젖어 사는 유대인들보다 개방된 상업적 사유를 하는 두로와 시돈의 사람들이 훨씬 더 구원의 가능성에 열려있다고 판단했을 것이다. 예수는 이 지역을 몸소 두발로 걸어다니면서 이 지역 문화를 체득한 사람이다.(막 7:24, 31, 마 15:21).

Q32 (마 11:25~27, 눅 10:21~22)

이때에 예수께서 가라사대, "아버지여! 이 모든 것을 지혜롭고 슬기로운 자들에게는 숨기시고, 어린이 같은 자들에게는 나타내심을 감사하나이다. 이것이 바로 아버지의 뜻하시는 길이오니이다. 내 아버지께서 모든 것을 나에게 전해주셨으니, 아버지 외에는 아들을 아는 자 없고, 아들과 또 아들이 선택하여 계시를 받는 자 이외에는 아버지가 누군지 아는 자가 없나이다." 하시니라.

지혜 있고 지식 있는 자(슬기로운 자)들이 부정되고, 오히려 지혜를 가질 수 없는 가난하고 순진한 자들이 긍정된다. 하나님의 나라는 어린아이 같은 이들(nēpioi), 지식으로 때묻지 않은 이들에게 더 잘 보인다. 당대 예수운동의 수용자들의 일반성향을 나타내는 현실적인 언급일 수도 있다.

노자(老子)에게도 어린이에 대한 끊임없는 예찬이 있다. 『도덕경』 49장에 "성스러운 사람은 백성을 모두 어린이로 만든다."(聖人皆孩之。)고 했고, 55장에는 "덕을 머금음이 도타운 것은 바알간 아기

에 비유될 수 있다."(含德之厚, 比於赤子。)고 했고, 10장에는 "기를
오로지하고 부드러움을 이루어 능히 갓난아기가 될 수 있느뇨?"(專
氣致柔, 能嬰兒乎!)라고 했다. 48장에는 "爲學日益, 爲道日損。"이
라는 말이 있는데 예수처럼 역시 지혜와 지식을 폄하하는 발언이
다. 3장의 "使夫智者, 不敢爲也。" 19장의 "絕聖棄智。" 20장의 "絕學
無憂。"도 같은 맥락이다.

여기서 "아버지"는 우리 현대어의 "아빠"와 같은 친근한 말로서
매우 파격적인 용법이다. 예수의 자기인식에 있어서 "아버지와 아
들"이라는 관계는 매우 비근한 인간적 느낌을 나타내는 것이다. 하
나님을 친근한 "아버지"로서 인식한다는 것 자체가 유대교적 신관
에 대한 반역일 수도 있다.

초대교회의 기독론을 반영한 Q3파편일 수도 있으나 또 그렇지 않
을 수도 있다.

Q33 (마 13:16~17, 눅 10:23~24)

　　예수께서 제자들만 같이 있을 때에 그들을 돌아보시며 조용히 이르시되, "지금 너희가 보고있는 것을 보는 그 눈은 복되도다! 내가 너희에게 말하노니 많은 선지자와 임금이 너희가 지금 보는 바를 보고자 하였으되 보지 못하였으며, 너희가 지금 듣고 있는 바를 듣고자 하였으되 듣지 못하였느니라."

　　루이 암스트롱이 부른 "얼마나 아름다운 세상인가!"(What a wonderful world)라는 노래가 생각난다. 천국은 바로 내 눈으로 볼 수 있는 것이다. 푸른 나무, 붉은 장미, 지나가면서 안녕을 주고받는 사람들의 얼굴, 쌕쌕 우는 아이… 이 모든 것이 선지자와 임금이 보고자 했으나 보지 못했던 하늘나라이다. 다음 장에 그 유명한 "주기도문"(the Lord's Prayer)이 나온다.

어느날 예수께서 한 곳에서 기도하시었다. 마치시매, 제자 중 하나가 여짜오되, "주여! 요한이 자기 제자들에게 기도를 가르친 것과 같이 우리에게도 기도를 어찌할지 가르쳐 주옵소서."

예수께서 응(應)하시되, "너희는 기도할 때에 이렇게 말하라: '아버지여! 당신의 이름이 거룩히 여김을 받으시오며, 당신의 나라가 임하옵시며, 우리에게 날마다 일용할 양식을 주옵시고, 우리가 우리에게 죄지은 모든 사람을 용서하오니 우리 죄도 용서하여 주옵소서. 그리고 우리를 시험에 들게 하지 마옵소서.'"

예수는 제자들에게 "랍비"의 모습으로도 비친다. 랍비가 특별한 기도문을 작성하여 제자들에게 가르치는 것은 유대교의 흔한 관례였다.

첫말, "아버지여"는 매우 충격적이다. 구약에서 하나님을 이스라엘의 아버지로서 호칭한 예는 없지 않으나, 그 아버지와 여기 아버지는 전혀 다르다. 구약의 아버지는 민족의 아버지며, 율법과 권위와 징벌의 상징이다. 그러나 여기 아버지는 개인의 아버지며, 사랑과 해방과 용서의 상징이다. 여기 쓰인 희랍어 "파테르"($\Pi\acute{\alpha}\tau\epsilon\rho$)는 아람어 "아바"(*Abba*)에서 온 것이다. "아바"는 우리말의 "아빠"와 같이 매우 개인적이고 구체적이고 친근한 뜻을 담은 말이며, 하나님을 아바로 지칭한 용례는 예수 이전에는 전혀 없다. 그것은 예수만의 유니크한 용법이다.(막 14:36, 마 11:25, 26:39, 42, 눅 23:34, 요 11:41, 12:27, 17:1~26). 주기도문을 아바로 시작했다는 것 자체가 가히 혁명적인 발상이며 새시대의 도래를 의미하는 것이다.

셈족어에서 "이름"은 인격과 존재를 의미한다. 하나님의 이름은 실제로 하나님 자신을 뜻한다. 그러므로 하나님의 이름이 사람들에 의하여 거룩하게 **되는 것**은 아니다. 그것은 이미 거룩한 것이다. 따라서 예수의 뜻은 이미 거룩한 아버지의 이름이 사람들에 의하여 거룩하게 취급되어야 한다는 것을 말하고 있다. 그 이름이 경멸의 대상이 될 수 없으며, 인간들의 생각과 행동에 의하여 오염될 수 없는 것이다. 이 말은 곧 예수님이 선포하는 천국의 주체인 하나님의 이름을 당대의 사람들이 더럽히고 있었다는 것을 의미한다. 그것은 예수에 대한 오해요, 예수의 아빠에 대한 곡해였다.

우리말 개역판 번역, "나라이 임하옵시며"는 나쁜 번역이 아니다. 옛말에는 "가"라는 주격토씨가 없었다. 천국은 반드시 이 땅에서 이루어져야 한다.

"날마다 일용할 양식"이란 시내광야에서 날마다 먹을 만큼의 만나가 주어졌던 유대인의 기억을 반영할지도 모른다. 만나가 즐비하다고 다 욕심낼 수는 없다. 음식은 천국선포 내용의 가장 본질적인 부분이다. 그러나 음식은 우리 신체의 최소한의 **요구의 대상**이지

욕심의 대상이 아니다. 모두가 다 같이 날마다 일용할 양식이 있는 사회, 예수시대의 사회경제사적 여건으로 볼 때, 그것은 천국 이상의 그 무엇이었다. 예수의 기도는 매우 소박한 현실을 대상으로 하고 있다. 그러나 예수는 식탁교제라는 삶의 자리(*Sitz im Leben*)에서 벌어지는 모든 일에 관하여 매우 낙관적인 믿음을 가진 사람이었다.

예수의 "용서신앙"이 강조되고 있다. 하나님에게 용서받는 유일한 길은 끊임없이 내 이웃의 인간적 과오를 용서하는 것이다. 타인의 나에 대한 과오는 어떠한 경우에도 나의 하나님에 대한 과오에 비하면 아주 사소한 것이다. 그러나 인간적 용서의 축적이 하나님의 용서를 보장받는다는 뜻은 아니다. 인간에 대한 용서를 통해서, 우리는 그러한 실존적 고뇌 속에서 하나님의 전적인 용서를 체험하게 되는 것이다. 용서는 "도덕적 개선"이 아니라 나 자신이 "새 사람이 되는 체험"을 의미하는 것이다.

"시험"은 "유혹"뿐만 아니라, "시련," "수난," "박해"를 의미할 수
도 있다. 그러나 종말론적 박해상황은 "페이라스모스"(*peirasmos*)
란 단어의 함의로부터 배제된다. "시험에 들게하지 마옵소서"라는
말이 근원적으로 "시험으로 이끌지 말아달라"는 것을 의미하지 않
는다. 시험에 들지 않고 평화롭고 조용한 인생을 살게 해달라는 이
야기는 아니다. 결국 인간에게 유혹이나 시련은 끊임없이 닥치게
되어있다. 어떠한 유혹이나 시련에도 굴복하지 않고 진리를 향해
살 수 있는 힘을 요구하고 있는 것이다. 예수의 기도는 곧 제자의 기
도다. 제자의 기도는 바로 모든 시련을 이겨낼 수 있는 힘의 갈구로
써 끝난다. 더 이상 구질구질한 언어가 요구되지 않는다. 주기도문
은 예수의 천국사상의 핵심이며 요체이며 실천강령이다.

Q35 (마 7:7~8, 눅 11:9~10)

　　나는 너희에게 말한다. 구하라, 그러면 너희에게 주실 것이요. 찾으라, 그러면 찾을 것이요. 문을 두드리라, 그러면 너희에게 열릴 것이다.

　　구하는 이마다 받을 것이요, 찾는 이마다 찾을 것이요, 두드리는 이에게 문은 열릴 것이니라.

Q36 (마 7:9~11, 눅 11:11~13)

　　너희 중에 아비된 자 누가 아들이 떡을 달라는데 돌을 주며, 누가 아들이 생선을 달라는데 뱀을 주며, 누가 아들이 달걀을 달라는데 전갈을 주겠느냐?

　　너희가 악할지라도 좋은 것을 자식에게 줄줄 알거든, 하물며 하늘에 계신 너희 아버지께서 구하는 자에게 좋은 것으로 주시지 않겠느냐?

───────

　　"인간적 아버지"와 "하늘적 아버지"가 절묘한 대비를 이루면서 인성의 허약함과 하나님의 무한하신 사랑이 부각되고 있다. Q의 세 세트에서 마태는 빵─돌, 생선─뱀 두 세트를, 누가는 생선─뱀, 달걀─전갈을 제시했다. 팔레스타인 사람들은 달걀 먹기를 좋아한다.

　　누가의 "성령"보다는 마태의 "좋은 것"이 Q원경에 가까울 것이다.

제31장은 예수운동을 거부하는 마을에 대한 저주였다(Pronounce-
ments Against Towns That Reject the Movement). 제32장과 제33
장은 예수운동을 받아들이는 사람들에 대한 축복이었다(Con-
gratulations to Those Who Accept the Movement). 제34장부터는
하나님 아버지의 보호하심에 대한 낙관적 신념(Confidence in the
Father's Care)이 토로되었는데, 제34장에 주기도문(The Lord's
Prayer)이 들어갔고, 제35장과 제36장은 아버지의 크신 사랑과 기
도의 응답(The Certainty of the Answer to Prayer)이 그려졌다. 제
37장은 이 세대와의 논쟁(Controversy with This Generation)을 수
록했는데 예수의 엑소시즘(exorcism)을 바알세불의 권능이라고 세
인들이 비난한다(The Beelzebul Accusation).

사람들이 귀신 들려 눈 멀고 벙어리 된 자를 예수께 데리고 왔거늘, 예수께서 고쳐 주시매, 그 벙어리가 말하며 보게 된지라, 무리들이 기이히 여기더라.

그 중에 더러는 말하기를, "저가 귀신의 왕 바알세불을 힘입지 않고는 귀신을 쫓아 내지 못하느니라." 하거늘, 예수께서 저희 생각을 아시고 이르시되, "내가 귀신을 쫓아 낸 것이 바알세불의 권능이라고 한다면, 너희 자식들은 누구의 권능으로 귀신을 쫓아 내고 있느뇨? 만약 내가 귀신의 두목의 힘을 빌어 귀신을 내쫓는다고 한다면, 바알세불의 집안이 스스로 서로 척지어 싸우는 꼴이 되느니라. 스스로 분쟁하는 나라마다 황폐하여지며, 스스로 분쟁하는 집마다 무너지느니라. 만일 사탄의 집이 분열된다면, 저의 나라가 어떻게 서겠느냐?

그러나 내가 만일 하나님의 손가락을 힘입어 귀신을 쫓아 내는 것이면, 하나님의 지배하심이 이미 너희에게 임하였느니라." 하시더라.

세인의 비방에 대한 예수의 참으로 강력한 변론이다. 예수의 논리의 강력성은 상대방의 논리를 빌어 상대방을 격파시키는 데 있다.

예수는 분명 당대의 한 엑소시스트(exorcist)였다. 그러나 귀신축출 (exorcism)이라는 것은 당시 카리스마적인 지도자들은 누구나 행하였던 흔한 일이었다. 그러나 다른 카리스마들은 부적이나 주문이나 꽹과리·징을 썼다. 그러나 예수는 오직 "하나님의 손가락"으로 귀신을 물리쳤다.

예로부터 유대인들은 바이러스나 박테리아 개념이 없었기 때문에, 인간의 질병을 귀신들림으로 이해했다. 귀신들림이란 하나님의 영역에 귀신이 침범하는 것이다. 즉 하나님에게 죄를 졌기 때문에 거룩한 몸에 하나님이 물러나고 귀신이 대신 그 자리를 차지하는 것이다. 따라서 질병(disease)은 죄(sin)와 연관되어 있었다. 보수적인 유대인들에게는 그것은 하나님의 심판이었다.

예수가 귀신을 축출하고 인간의 질병을 고치는 행위는 하나님의 심판에 개입하는 사태였다. 어쩌면 그것은 하나님에 대한 거역으로 비쳐질 수도 있다. 그러나 예수는 하나님의 사랑, 무한정한 용서라는 새로운 개념을 도입했다. 도덕적 회개나 복잡한 이해타산의 전제가 없이 누구에게나 병고침의 은총을 베풀었다. 그것은 예수 자신의 카리스마가 아니었다. 하나님의 카리스마가 예수를 통하여 베풀어지는 것일 뿐이었다. 예수는 천국을 선포했지만, 그 천국은 예수가 이 지상에 억지로 만들려는 것이 아니라 이미 하나님에 의하여 선포된 것이었다. 예수에게 이 땅은 씨 뿌려진 들판과도 같았다. 곡식은 저절로 장성하여 익게 마련이다. 그러니까 천국은 예수가 창조하는 것이 아니라 예수를 통하여 일어날 뿐이다(to occur through him).

귀신 축출도 단순한 엑소시즘이 아니라 그것은 하나님의 나라의 선포였다. 이 땅에 하나님의 나라가 실현되는 모습의 한 표적이었다. 하나님의 무제한적 힘이 드러나는 증표였다. 그것은 이 세계의 악에 대한 하나님의 지배(Reign of God)의 승리를 상징하는 사건이었다. 이 승리는 가난한 자, 소외된 자, 병든 자, 불구된 자, 연약한 여인, 세리, 창녀, 이 모든 이들에게 찾아올 수 있었다. 이러했기 때문에 그토록 많은 사람들이 예수운동에 참여했던 것이다. 어떠한 인간이든지 구원의 사역에서 배제될 수 없다는 것이 역사적 예수의 신념이었다.

바알세불(Beelzebul)은 열왕기하 제1장에 바알세붑(Baalzebub)으로 나오는데, 그것은 에크론 지역의 페니키아신(the Phoenician God at Ekron)을 지칭한다. 북이스라엘의 왕 아하시야(King Ahaziah)가 병낫기 위해 기도드리는 신의 이름으로 등장하고 있다. 이방신이지만 병을 잘 낫게하는 용한 신이었다는 맥락에서 보면 여기 예수사건의 의미맥락과도 상통한다. 바알세불은 결국 바알신의 다른 이름이라고 보아야 할 것이다. 바알세불(ba ʿal zᵉbûl)은 우가리트(Ugarit) 말로 왕자바알(Prince Baal)이라는 뜻인데, 히브리 말로 전사되면서 "똥파리의 主"라는 의미의 경멸어 바알세붑(ba ʿalzᵉbûb)으로 전화되었다. 똥파리를 휘날릴 때 윙윙거리는 소리로 신탁을 전하는 블레셋신(a Philistine god)이 있었다는 설도 있으나 그것은 꾸며낸 말일 것이다. 마태 10:25에는 "하늘의 집주인"(*oikodespotēs*, Master of the Heavenly House)의 뜻으로 바알세불이 언급되고 있는데, 그것이 원의에 가장 가깝다 할 것이다.

아람어로 전사되면 "베엘세불"(Beel-zebul)은 "똥의 主"(Lord of Dung)라는 의미가 구성되기도 하고 "적"(Enemy)이라는 뜻을 지닐 수도 있다. 하여튼 바알세불은 역사적으로 히브리사람들에 의하여 야훼와 대결하는 불결한 신으로 규정되었으며 간약시대(間約時代)에는 "악의 힘의 수장"을 지칭하는 말로서 일반적으로 잘 쓰였다. 신약의 용법은 그 시대적 의미맥락을 반영하고 있다(마 12:24~27, 막 3:22~26, 눅 11:15, 18~19).

Q38 (마 12:30, 눅 11:23)

나와 함께 아니하는 자는 나를 반대하는 자요, 나와 함께 모으지
아니하는 자는 헤치는 자니라.

후반부의 말씀은 "양떼를 모으는 것"에 관한 갈릴리의 풍경에서 나
온 말이다. 예수의 천국운동에 협조하지 않는 것은 양떼를 흩어버
리는 데 협조하는 것이 된다.

더러운 귀신이 사람에게서 나갔을 때에, 물 없는 시골로 떠돌며 쉬기를 구하되 쉴 곳을 얻지 못하고, 이에 가로되, "내가 나온 내 집으로 돌아가리라." 하고, 와 보니, 그 집이 소제되고 수리되었거늘, 이에 가서 저보다 더 악한 귀신 일곱을 데리고 들어가 거기에 거하니, 그 사람의 형편이 전보다 더 심하게 되느니라.

이것은 우리 신체상의 문제점에 관한 정말 기발한 비유이다. 재발에 대한 이 비유는, 한번 치유받은 사람에겐 다시 발병할 위험성이 있다는 것을 경고한다. 그리고 "더 악한 일곱 귀신" 운운은 두 번째 축출의 불가능성 또는 어려움을 지적한 적절한 은유이다.

"물없는 시골" 운운한 것은 악령은 본시 척박하고 건조한 불모지대에 산다는 관념이 전제되어 있다.

Q40 (눅 11:27~28)

예수께서 말씀하실 때에, 무리 중에서 한 여자가 음성을 높여 가로되,

"너를 낳은 자궁을 축복하라! 너를 먹인 유방을 축복하라!"

예수께서 대답하사, "오히려 하나님의 말씀을 듣고 지키는 자가 복이 있느니라." 하시니라.

음성을 높인 그 용감한 여인의 목소리에 우리는 더 세심한 주의를 기울여야 한다. 그 여인은 예수에게 자신을 신격화하지 말 것을 강렬하게 경고한다. 예수에게도 자기기만의 가능성은 충분히 있다. 예수는 여인의 절규에 정면으로 대답하지 않고 차원을 바꾸어 대답한다. 예수는 육체적 세계와 영적 세계를 대비시키면서 육체적 축복의 한계를 지적한다. 그리고 하나님의 말씀을 들을 수 있는 영적 세계에 대한 축복으로써 질문자에게 존재의 아이덴티티를 바꾸어

버릴 것을 요구한다. 그렇다고 예수가 영육이원론자는 아니다. 상식적 차원에서 대비시켰을 뿐이다. 그러나 나는 예수의 대답보다는 여인의 지적에 우리 한국기독교가 더 세심하게 귀를 기울여야 한다고 생각한다. 군중속에서 예수에게 소리치는 연약한 여인의 강인한 항변은 트인 공간에서 이루어진 예수운동의 생기발랄한 한 장면을 너무도 재치있게 포착하고 있다.

도마복음서 제79장에도 같은 내용의 로기온이 수록되어 있다.

무리가 예수 주변으로 모였을 때에, 예수께서 그들을 향해 가라사대, "음란하고 선하지 못한 세대여! 너희는 표적을 구하나, 요나의 표적밖에는 보여줄 표적이 없도다. 요나가 니느웨 사람들에게 표적이 됨과 같이, 인자도 이 세대에 표적이 되리라.

시바의 여왕이 땅끝으로부터 솔로몬의 지혜로운 말을 들으려 왔음이어니와, 지금은 솔로몬보다 더 위대한 이가 여기 있도다. 니느웨의 사람들이 요나의 가르침을 듣고 생각을 바꾸었음이어니와, 지금은 요나보다 더 위대한 이가 여기 있도다.

심판 때에, 시바의 여왕과 니느웨사람들이 이 세대 사람들을 정죄하게 되리라." 하시니라.

시바의 여왕(the Queen of Sheba)은 에티오피아(구스)의 여인이다. 니느웨(Nineveh)는 앗시리아제국의 수도로서 메소포타미아의 찬란한 대도시였다. 요나(Jonah)의 이야기는 구약의 요나서를 읽는 것이 좋다. 매우 짧고 아름다운 문학이며 신명기 사관이 압축된 이야기구조를 가지고 있다. 이 예수의 말에도 이방인에 대한 관용적 태도가 들어있다. 이 세대의 예수에 대한 몰이해가 질책되고 있다.

Q42 (마 5:15, 6:22~23, 눅 11:33~36)

누구든지 등불을 켜서 움 속에 숨기거나 됫박으로 덮어두는
자는 없나니라. 누구나 등경 위에 얹어 두나니, 이는 방 안에 들
어오는 자로 그 빛을 보게 하려 함이니라. 네 몸의 등불은 네 눈
이다. 네 눈이 성하면 온 몸이 밝을 것이요, 네 눈이 어두워지면
네 몸도 어두워지리라. 그러므로 네 속에 있는 빛이 어둡지 아
니한가 보라.

강력한 은유이다. 등불을 켜서 됫박 속에 넣는 미친놈이 어디 있겠
나? 예수 시대의 등불은 납작한 차주전자 모양의 작은 토기(terra-
cotta)였는데 기름을 붓고 주둥아리에 심지를 꽂는다. 그것을 놓는
높은 촛대걸이 같은 등경이 있었다.

Q43 (마 23:23, 25~26, 눅 11:39~42)

조심하라, 율법에 복종함으로써 자신을 온전하다고 말하는 너
희들이여. 너희는 박하와 운향(芸香)과 모든 채소의 십일조는
드리되, 정의와 인(仁)한 마음과 정직한 신념은 버리는도다. 이
것들이야말로 너희가 먼저 행하여야 할 것이어늘.

너희는 잔과 대접의 겉은 깨끗이 하나, 너희 속인즉 탐욕과 도
심(盜心)이 가득하도다. 어리석은 자들아! 겉을 만드신 이가 속도
만들지 아니하였겠느뇨? 잔과 대접의 안을 먼저 깨끗이 하라.
그리하면 모든 것이 깨끗하리라.

우리나라에도 전통적으로 "씻김굿"이라는 것이 있지만, "씻음"은
부정을 씻어버리는 모든 제식의 상징이다. 유대교전통에도 이 씻김
의 제식은 손 씻는 것, 그릇 씻는 것 등으로 엄격히 규정되어 있었
다. 여기 모든 논의는 그릇의 안은 무시한 채 겉만을 씻는 습관을
전제로 하고 있는데, 실제로 유대인 습관이 그랬던 것은 아니다.
안과 겉을 다 깨끗이 씻어야 깨끗한 것인데 겉만을 씻는 위선을 예
수는 비판하고 있는 것이다. 그러나 예수는 근원적으로 이러한

씻김의 제식에 의미를 두지않고 행동했다. 외면적 형식은 전혀 중요하지 않았으며 오로지 내면의 덕성을 기준으로 삼았다.

종교의식에 열심하는 무정한 악한들도 비일비재하다. 이러한 형식주의자들은 항상 현상유지파와 공조하게 마련이며 부정부패의 온상을 조장하며 사회개혁을 반대한다. 예수는 모든 종교적 이스태블리쉬먼트에 항거한 혁명가였다. 이스태블리쉬먼트의 입장에서 보면 그는 역도(逆徒)였다.

Q44 (마 23:6~7, 29~36, 눅 11:43~52)

　　가장 율법에 성실한 자라 칭하는 너희야말로 가련토다! 회당의
상석에 앉기를 사랑하며 시장에서 문안받는 것을 기뻐하는도다.
너희는 회칠한 무덤과 같으니, 겉으로는 아름답게 보이나 그 안
에는 죽은 사람의 뼈와 모든 썩은 것이 가득하도다.

　　화 있을진저, 지기 어려운 율법의 짐을 사람에게 지우고 자신은
한 손가락도 그 짐에 대지 않는 그대들이여!

　　화 있을진저, 지식의 열쇠를 독점하여 지식의 문을 열지도 않고
오히려 그리로 들어가고자 하는 사람들을 막는 그대들이여!

　　너희는 너희 조상들이 살해한 선지자들의 무덤에 아름다운 비
석을 세우는도다. 너희 조상들은 죽였고 너희는 무덤을 쌓는도다.

　　이러므로 하나님의 지혜가 일렀으되, "내가 선지자와 사도들을
저희에게 보내리니, 더러는 저희가 죽이며 더러는 저희가 핍박
하리라." 하였으니, 이 세대야말로 창세 이후로 흘린 모든 선지
자의 피, 곧 아벨로부터 사가랴까지 흘린 피에 대한 책임을 져야
하리라.

―――――――

　　정몽주는 충신이라 치켜세우고 비석을 쌓으며 새로운 정몽주가 태
어나면 계속 쳐 죽이는 역사! 그 어느 역사에 대고 하나님 나라를
논할까 보냐?

"자신은 한 손가락도 그 짐에 대지 않는다."는 남에게 고통을 당하게 만들고 정작 자기는 그 고통에 대하여 하등의 책임도 지지 않는다는 뜻이다. 우리말의 "손가락 하나 까닥하지 않는다."는 표현과 상통한다.

아벨(Abel)은 아담과 이브의 두째아들로서 형 카인에 죽임을 당하였다. 카인은 인류최초의 살인자이며 아벨은 무고하게 죽은 순결한 피의 상징이다. 사가랴(Zechariah)는 성서에 30명이상의 이름으로 나오기 때문에 정확히 누구인지를 모른다. 구약성서의 마지막에서 두번째 편인 스가랴의 주인공도 같은 이름이다. 세례요한의 아버지도 사가랴인데, 그는 죽임을 당한 기록이 없다. 성서학자들은 요세푸스의 기록에 의하여 AD 67년 예루살렘성전에서 두 열성당원에 의하여 살해된 바루흐의 아들 사가랴를 지목하기도 하지만 확답은 되지 못한다(*The Wars of the Jews*, Bk. 4, Ch. 5, 334~44). 사가랴는 예수시대에 희생된 그 누구였을 것이다. "아벨로부터 사가랴까지"라는 표현은 무고한 피의 역사성을 상징하는 강렬한 표현이다.

　　감추인 것이 드러나지 않을 것이 없고 숨은 것이 알려지지 않을
것이 없나니, 너희가 숨겨온 모든 비밀이 드러나리라. 그러므로
너희가 어두운 데서 말한 모든 것이 광명한 데서 들리고, 너희가
골방에서 귀에 대고 속삭인 모든 것이 옥상 위에서 선포되리라.

　　『중용』 제1장에 이런 말이 있다. "숨은 것보다 더 잘 드러나는 것
이 없으며, 미세한 것보다 더 잘 나타나는 것이 없도다. 그러므로
군자는 그 홀로 있음을 삼가는도다."(莫見乎隱, 莫顯乎微, 故君子
愼其獨也。) 중용의 논리는 "숨은 것," "미세한 것"에 가치를 두고
있으므로 언뜻 이 장과 상반되는 것처럼 보이지만 그 내면적 논리
는 상통한다 하겠다. 잘 상고해보라.

Q46 (마 10:28~31, 눅 12:4~7)

나의 친구들이여! 너희에게 말하노니, 몸은 죽여도 영혼은 능히 죽이지 못하는 자들을 두려워말라. 오히려 너의 몸과 너의 영혼을 모두 장악하고 있는 그 분을 두려워하라. 참새가 몇 푼이나 되느냐? 단돈 한 닢에 팔리지 아니하느뇨? 그러나 너희 아버지께서 허락지 아니하시면 그 한 마리도 거저 땅에 떨어지는 법이 없나니, 너 인간은 어떠하냐? 아버지께서는 너희 머리카락 한 올 한 올까지 다 세어두신 바 되었나니, 너희야말로 떼지어 나는 참새보다 훨씬 더 귀하니라.

신학자들은 한결같이 "몸은 죽여도 영혼은 능히 죽이지 못한다."라는 구문을 하나님의 권능과 관련해서만 해석하고, 영혼까지 죽여 지옥으로 보낼 수 있는 권능을 장악한 하나님을 두려워하라는 식으로만 해석한다. 인간을 외재화시키고 타율화시키는 좀 따분한 해석이라는 느낌이 든다. 그러나 이제 도마복음서가 발견되면서 새로운 내면적 해석도 가능할 수 있지 않을까 생각한다. 예수운동은 그다지 영육이원론을 전제로 하지 않았다.

"몸을 죽인다," "영혼을 죽인다"는 것은 나의 내면적 고투에 관한 것이다. 몸을 죽이는 것도 쉬운 일은 아니나, 그래도 몸을 죽이는 것까지는 가능한 일이다. 그러나 참으로 어려운 신앙의 단계는 영혼까지 죽이는 것이다. 이것을 결코 부정적 맥락에서만 해석할 필요는 없다. 영혼까지 죽일 수 있을 때 우리는 진정으로 하나님을 만날 수 있다.

새의 비유는 예수 천국사상의 핵심 중의 하나가 인간의 존엄성(the dignity of humanity)에 관한 것이라는 사실을 시사한다. 그것은 추상적 인권에 관한 보편적 담론이 아니라, 개체적 인간 모두의 생명의 존엄성, 그 귀함을 말하고 있는 것이다. 그 생명의 존엄성을 위해 예수는 안식일의 모든 관행을 깬다. 안식일에도 사람을 살리는 일이라면 율법의 모든 속박을 깨고 율법을 무시하는 태도를 취한다. 예수는 속박의 율법이 아닌, 살림의 율법만을 선포했을 뿐이다. 그의 살림은 생명의 살림이었다.

Q47 (마 10:32, 눅 12:8)

누구든지 공중(公衆) 앞에서 나를 시인하는 자는 하나님의
사자(使者)로부터 축복을 받으리라.

많은 학자들이 이 구절을 종말론적 담론으로 해석하여 후대 초대교
회의 첨가로 보지만, 나는 예수 자신의 말로서 재구성될 수 있다고
생각한다. 그 핵심은 예수운동에 참여하는 자들의 "떳떳함"이다.
비겁하지 않게 공중 앞에서 예수를 시인하는 자신감이야말로 예수
운동가들에게 요구되는 미덕이었을 것이다.

Q48 (마 10:19~20, 12:31~32, 눅 12:9~12)

사람 앞에서 나를 부인하는 자는 하나님의 사자들도 그를 부인
하리라. 누구든지 인자(人子)를 거슬려 말하는 자라도 용서받을
수 있거니와, 성령을 모독하는 자는 결단코 용서받지 못하리라.

너희가 너희 신념으로 인하여 법정으로 끌려가 판관(判官)
앞에 세워짐을 당할지라도, 어떻게 무슨 말로 너희를 변호할까
염려치 말라. 너희가 필요로 할 때 그 마땅한 말들이 너희 입을
통하여 성령으로부터 흘러나오리라.

여기 "인자," "성령"이라는 단어선택 때문에 묵시담론으로 단정할
필요는 없다. "성령을 모독한다"는 표현은 인간의 일상사에서 우리
가 범하는 "구두의 불경"을 지적한 관용구일 수도 있다. 인간은 구
두의 불경으로서 성령(인간의 영혼의 양심)을 거슬리는 용서받기 어
려운 죄를 범할 수 있는 것이다. 믿음있는 자여! 두려워 말라! 성령
이 너를 통하여 너를 변호하리니.

여기 역사적 예수, 인간 예수는 "사람의 아들"로 표현되어 있다. 아무리 예수라 할지라도 사람의 아들은 나의 실존에 대하여 타자이다. 따라서 그러한 외면적 타자에 대한 거슬림은 용서받을 가능성이 있다. 그러나 성령은 나의 실존의 내면이다. 따라서 성령을 모독하는 것은 용서받을 길이 없는 것이다.

Q49 (눅 12:13~14)

무리 중에 한 사람이 예수께 이르되, "선생님이시여, 내 형을 명하여 유산을 나와 나누게 하소서." 하니,

예수께서 이르시되, "이 사람아, 누가 나를 너희의 재판관이나 물건 나누는 자로 세웠느냐?" 하시니라.

당시 유대인 습관에 형제들에게 유산을 묶어 전하는 경향이 있었다. 형제들간에 유대를 강화키 위하여 그랬을 것이다. 그러나 동생은 자기 몫을 나누어 독립하기를 원한다. 이런 싸움이 야기될 때 관습법상 랍비에게만 소송을 제기할 수 있었다. 예수는 랍비로 인식되었고 여기 질문자는 동생이다.

예수의 거절은 명쾌하다. 나는 재산이나 분배해주는 세사(世事)의

판관이 아니노라. 이어지는 누가의 해석도 재미있다: "모든 탐심을 물리치라! 사람의 생명이 그 소유의 넉넉함에 있지 아니하리라." (눅 12:15).

『논어』에도 번지(樊遲)가 농삿일 배우기를 청하자 공자가 "난 늙은 농부만도 못하다."라고 대답한 이야기가 「자로, 子路」편에 실려 있다.

Q50 (눅 12:16~21)

　　소출이 풍성한 밭을 소유한 한 부자가 있었다. 그가 심중에 생각하여 가로되, "곡식을 쌓아 둘 곳이 넉넉지 아니하니 어찌할꼬? 옳다! 내 곡간(穀間)을 헐고 더 크게 지어, 내 모든 곡식과 물건을 거기 쌓아 두리라. 또 내가 내 영혼에게 이르되, '영혼아! 여러 해 쓸 물건을 많이 쌓아 두었으니, 평안히 쉬고 먹고 마시고 즐거워하자.' 하리라." 하였더라.

　　그러나 하나님은 그에게 이르시되, "어리석은 자여! 오늘 밤에 네 영혼을 내가 도로 찾아가리니, 그러면 네 예비한 것이 뉘 것이 되겠느냐?" 하셨으니, 자기를 위하여 재물을 쌓아두는 자가 그 영혼의 창고가 텅 빔이 이와 같으니라.

　　뭔 구구한 주석을 가(加)하리오? 예수운동의 핵심 중의 하나가 세속적 소유의 부정이었다. 돈을 벌지 말라는 뜻이 아니요, 번 돈에 집착하지 말라는 뜻이다.

　　예수께서 그의 제자들에게 이르시되, "너희 삶에 관하여 갈망하지 말라. 무엇을 먹을까, 무엇을 입을까 염려치 말라. 목숨이 음식보다 중하고, 몸이 의복보다 중하니라.

　　까마귀를 보라! 그들은 심지도 아니하고 거두지도 아니하며, 골방도 없고 창고도 없으되 하나님이 기르시나니. 너희는 새보다 얼마나 더 귀하냐?

　　또 너희 중에 누가 염려함으로 한 자의 시간이라도 너희 수명에 보탤 수 있겠느뇨? 그런즉 지극히 작은 것이라도 임의로 할 수 없거늘 어찌 그 다른 것을 염려하느뇨?"

　　"목숨"(프쉬케, ψυχη)과 "몸"(소마, σῶμα)의 대비는 이원론적으로 반대되는 것이라기보다는 수사학적으로 병행을 이루는 것이다. 우리가 목숨(life)과 몸(body)을 하나님으로부터 얻었다는 것, 그

사실이 일차적으로 중요한 것이다. 목숨은 음식으로, 몸은 의복으로 유지된다. 그러나 목숨과 몸을 주신 이상 음식과 의복과 같은 부차적인 사태는 따라오게 되어 있는 것이다. 최소한 음식과 의복이 갈망의 대상이 될 수는 없는 것이다. 그러나 인간세는 이러한 부차적인 가치에 대한 갈망 때문에 온갖 추저분한 역사를 만들어 가고 있는 것이다.

까마귀는 유대인의 관념 속에서는 매우 불결하고 부정한 것이다. 그런데 예수는 귀하게 묘사하고 있다.

인간은 자신들이 마음대로 할 수 없는 것들에 대해 걱정해서는 아니된다. 더구나 예수운동에 참여하는 사람들은 양식이나 의복에 관하여 걱정을 해서는 아니된다. 물질적 소유에 관심을 갖는 것보다는 이웃을 도와야 하고 영원히 없어지지 않을 하늘의 보화를 추구하며, 항상 관심을 올바른 가치에 집중해야 한다.

예수의 낙관주의는 노자의 "도법자연"(道法自然, 도는 항상 스스로 그러함을 따른다)을 연상케 한다. 기독교인도 인위(人爲)화된 하늘만 쳐다볼 생각말고, 천지의 자연(自然)에서 하나님의 질서에 관하여 많은 것을 배워야 한다. 예수의 사상에는 에콜로지적 관심(ecological concern)이 깔려있다.

Q52 (마 6:28~30, 눅 12:27~28)

들판에 야생하는 저 백합을 보라! 그들은 자신을 위하여 실도 만들지 않고 길쌈도 아니 하느니라. 그러나 내가 너희에게 말하노니, 솔로몬의 모든 영광으로도 입은 것이 이 꽃 하나만 같지 못하였느니라. 오늘 푸르다가 내일 아궁이에 던지우는 저 들풀도 하나님이 이렇게 입히시거늘, 하물며 너희일까 보냐? 믿음이 적은 자들아!

여기 "백합"을 우리는 서양의 "릴리"로 오인하는데, 성서에서 말하는 백합은 팔레스타인이나 터키지역의 들판에 만연하는 진홍색 아네모네(*anemone coronaria*)나 진홍색 양귀비과의 꽃(common poppy, *papaver sp.*)이다. 우리나라 진달래꽃처럼 흔히 볼 수 있는데 1년생 초본이다. 미풍에 하늘거리는 선홍색 꽃잎이 붉게 립스틱을 칠한 미녀들의 입술보다 더 매혹하고 더 아름다운 느낌을 준다.

실을 만들고 길쌈을 하는 동사를 아람어로 환원하면 아말(*amal*), 아잘(*azal*), 멋있는 각운이 된다. 예수는 비유뿐 아니라 시적 언어 구사의 천재였다.

우리의 일상적 걱정의 뿌리는 믿음의 부족(*oligopistoi*)이다. "스스로 그러함"에 대한 신념은 생명을 가지고 살아감에 대한 신앙이다.

Q53 (마 6:31~33, 눅 12:29~31)

무엇을 먹을까 무엇을 입을까 무엇을 가질까, 이것들의 추구로
눈멀지 말라. 이것들로 더 이상 염려치 말라. 마음과 영혼이 빈
곤한 자들만이 이것들에 집착하나니, 너희 아버지께서 이것들이
너희에게 있어야 될 줄을 아시느니라. 오직 너희는 그의 나라를
구하라. 그리하면 이 모든 것들이 너희에게 주어지리라.

예수운동은 자발적인 낮아짐과 연약함, 그리고 가난을 미화한다.
인간다움의 실현은 항상 세속적 가치의 반전을 통하여 구현된다.
하나님은 인간의 요구를 아신다.

Q54 (마 6:19~21, 눅 12:33~34)

　　너희를 위하여 보물을 땅에 쌓아두지 말라. 거기는 좀과 동록(銅綠)이 해(害)하며 도적이 구멍을 뚫고 훔쳐가느니라.

　　오직 너희를 위하여 보물을 하늘에 쌓아두라. 거기는 좀과 동록이 해하지 못하며 도적이 구멍을 뚫고 훔쳐가지 못하느니라.

　　네 보물이 있는 그곳에 네 마음도 있느니라.

───────────

　　내 보물이 땅에 있으면 내 마음도 땅에 있으리라. 내 보물이 하늘에 있으면 내 마음도 하늘에 있으리라. 하늘이란 인욕(人欲)을 떠난 천리(天理)를 일컫는 것이다.

Q55 (마 24:42~44, 눅 12:39~40)

　　만일 집 주인이 도적이 어느 순간에 올 줄을 알았더면, 깨어 있어 그 집을 뚫지 못하게 하였으리라. 이러므로 너희도 예비하고 있으라. 생각지 않은 때에 인자(人子)가 오리라.

　　"어느 순간"이 개역판에는 "어느 때"(눅), "어느 更點"(마)으로 되어 있다. 『예수의 비유』를 쓴 예레미아스(Joachim Jeremias)는 "호라" (ὥρα)가 아람어 "사 아타,"(šaᶜatha) 즉 "순간"(the twinkling of an eye)을 번역한 말이라고 설명한다.(허혁 옮김, 분도출판사 1982년판, p.46).

　　유대인 습관에 도적이나 누가 집 문을 부수고 들어오면 악운이 들이닥친다고 믿었다. 여기 "집을 뚫는다"는 표현은 문자 그대로 도둑이 두꺼운 흙벽돌을 뚫어 허물고 침입하는 것을 의미한다.

모든 주석가들이 이 구절을 전형적인 종말론적 "인자담론"으로 해석하고, 초대교회가 재림의 지연에 비추어 창작한 것으로 간주한다. 그러나 예수의 "도둑같이 옴"은 어디까지나 하나의 비유이며 그것이 이 세계의 종말을 예시하는 사건일 수 없다. 도둑은 항시 찾아올 수 있는 것이다. 시간 속에서, 역사 속에서, 우리 삶 속에서, 되풀이하여 찾아오는 것이 도둑이다. 만약 도둑이 이 세계의 종말에 단 한 번 찾아온다고 한다면 "도둑의 의미"는 상실되어 버린다. "도둑의 찾아옴"은 "우리의 깨어있음"을 전제로 하는 사건이며, "우리의 깨어있음"은 우리 자신의 일상적 삶 속에서 일어나야 할 사건일 뿐이다. 그러므로 이 구절을 구태여 종말론적으로 해석해야 한다면 예수의 메시지는 이와 같다: "우리 삶의 모든 순간이 종말론적이다." (Every moment in my life is eschatological.) 이러한 우리 삶에 대한 절실한 요구가 예수운동의 진제(眞諦)였다.

　　예수께서 가라사대, "재산 있는 주인이 그의 모든 재산을 맡길 수 있는 관리인을 원할 때에, 그 집 사람들을 맡아 때를 따라 양식을 나누어 줄 자가 누구뇨? 충성되고 지혜로운 자로다. 주인이 집에 돌아왔을 때 성실하고 열심히 일하는 관리인이여, 복되도다. 진실로 내가 너희에게 이르노니, 주인이 그 관리인에게 그의 재산을 나누어 주리라.

　　그러나 관리인이 마음에 생각하기를, '주인은 오랫동안 돌아오지 않으리라.' 하여, 일꾼들을 때리고 술친구들과 더불어 먹고 마시고 취하게 되면, 생각지 않은 날 알지 못하는 시간에 주인이 이르게 되리라. 보상을 받는 대신, 그 관리인은 해고되고 신실치 아니한 자의 혹독한 운명에 처해지리라."

　　내가 세상에 화평을 주러 온 줄로 생각하느뇨? 내가 너희에게 이르노니, 아니라. 도리어 분쟁(紛爭)의 검(劍)을 주러 왔노라.

　　나의 말씀은 아비와 아들을 가르고, 어미와 딸을 가르고, 시어미와 며느리를 가르리라.

　　아비와 어미를 나보다 더 사랑하는 자는 내게 합당치 아니하고, 아들이나 딸을 나보다 더 사랑하는 자도 내게 합당치 아니하니라.

　　너 자신의 십자가를 지고 나를 좇지 않는 자도 내게 합당치 아니하니라.

이 구절로 인하여 마치 예수가 분쟁론자요, 폭력을 정당화시키는 인물인 것처럼 규정되고 인용될 때가 많다. 뭐 그러할 리 있겠느냐고 반문하는 자가 있겠지만, 콘스탄티누스대제의 잔악한 살인들이 이 구절을 외우면서 이루어졌고, 십자군전쟁을 떠나는 병사들이 이 구절을 외웠고, 마야·잉카문명을 멸절시킨 스페인의 신부들이 이 구절을 외웠고, 1·2차세계대전의 군목들이 이 구절을 인용하면서 설교를 했다. 기독교역사는 인류에게 전쟁을 가르쳐온 역사였다. 오호라!

예수운동의 요체는 여태까지 보아왔듯이 철저한 세속적 가치의 부정이었다. 자율적으로 자신을 낮추고, 소유를 거부하며, 식탁교제를 위하여 있는 것을 나누고, 무한정한 관용과 용서를 실천하는 운동이었다. 이러한 예수운동은 신실한 참가자들에게 필연적으로 가족과의 마찰을 초래할 수 있다. 인간이 가족주의에 묶여 있는 한 이웃사랑의 보편주의를 실천하지 못할 때가 많다. 아마도 이 시점에서 예수운동은 공자(孔子)운동과 결별될지도 모른다. 공자는 가족주의적 가치로부터 세계를 바라보았다. 가정을 통하여 수신·제가·치국·평천하의 원대한 이상을 실현할 것을 요구했다. 그러나 예수는 가정과의 결별도 불사할 것을 요구했다. 이 요구는 일차적으로 예수운동의 참가자들을 대상으로 한 것이다. 이와 관련지어 원시불교 승단(saṃgha)의 정황을 떠올려도 무방할 것이다.

"화평이 아닌 분쟁"이란 말은 궁극적으로 무소유의 실천을 위한 평화의 메시지였다. 인간세의 평화는 화평한 관계 속에서 이루어지는 것이 아니라, 끊임없는 투쟁과 분열 속에서 이루어지는 것이다. 예수운동의 무소유·무가정주의는 현세 기독교인들이 가족이기주의적인 탐욕의 확대에 골몰하고 있는 현실을 고려하면 참으로 가슴에 와닿는 말씀이다.

"십자가를 진다"라는 표현은 전혀 "예수가 십자가에 못 박혀 죽는다"라는 명제를 전제로 하지 않는다. 헤롯대왕이 BC 4년에 죽은 이후, 유대인들이 신권통치의 부활을 요구하며 반란을 일으켰는데, 로마군대는 이들을 무자비하게 진압하였고 2000명이나 되는 유대인들을 십자가형에 처하였다. 따라서 "십자가를 진다"라는 표현은 예수 당대의 사람들에게 그 의미가 리얼하게 전달되는 일상적 말이었다. 십자가형은 대개 도시에 진입하는 어귀의 길목에 전보산대처럼 늘어놓는다. 그런데 비극적인 것은 십자가형에 처해질 바로 그 죄수들이 본인의 무거운 십자가를 짊어지고 동구 밖까지 몇 킬로미터의 여정을 걸어가야 하는 것이다. 예수의 제자가 된다고 하는 것은 바로 이러한 죽음의 행진을 불사할 수 있는 자기부정(Negation of Self)의 용기를 요구하는 것이다.

본문의 표현을 정확히 고구하라: "너 자신의 십자가를 지고…" 이것은 예수의 십자가가 아니다. 실존적 "나" 자신의 십자가인 것이다.

Q58 (마 10:39, 눅 17:33)

무릇 자기(自己)에 집착(執着)하는 자는 자기를 잃을 것이요,
자기를 잃고 나를 따르는 자는 자기를 찾을 것이다.

개역판에 "목숨"으로 번역된 원어는 "푸쉬케"(ψυχή)인데 "자기"
(Self)로 번역함이 더 포괄적 의미를 전한다. 근본불교에서 말하는
멸집(滅執, *nirodha*)과 대차가 없다.

Q59 (마 16:2~3, 눅 12:54~56)

　　너희가 구름이 서쪽 하늘에서 이는 것을 보면, 곧 "비가 오겠다."라고 말한다. 과연 그러하다. 또 바람이 남쪽에서 불어오면 "날씨가 심히 덥겠구나."라고 말한다. 과연 그러하다. 이 위선자들아! 너희는 땅의 기세(氣勢)를 알고 하늘의 표정을 읽을 줄 알면서, 어찌하여 지금 여기 이 세대의 징표(徵表)는 분변(分辨)치 못하느뇨?

─────────

　　이것도 많은 성서학자들이 "종말의 임박"으로 곡해하는 해석을 자행해왔다. 예수말씀의 생명력은 현장감과 구체성 있는 일상의 논리다. 그 말씀의 의미는 보편적이지만, 표현기법은 매우 인간적이고 로칼하다. "서쪽 하늘에서 이는 구름"은 지중해로부터 갈릴리쪽으로 몰려오는 해양성 서풍이고, "남쪽에서 부는 바람"은 네게브 사막(the Negev Desert)에서 불어오는 건조한 열풍이다.

　　종말이나 부활을 외치지 말고 지금 여기, 이 세대의 징표를 분변하라! 예수의 말씀은 과학이다.

─────────

Q60 (마 5:25~26, 눅 12:57~59)

너희는 어찌하여 옳은 것을 스스로 판단치 못하느뇨? 너를 고소할 자와 함께 법정에 갈 때에, 그 길에서 분쟁을 해소하고 저와 화해하기를 힘쓰라.

그렇지 아니하면 저가 너를 재판장에게 끌고 갈 것이요, 재판관은 너를 옥리(獄吏)에게 넘길 것이니라.

진실로 네게 이르노니, 그리하면 네가 호리(毫釐)라도 남김없이 다 갚기 전에는 결단코 거기서 나오지 못하리라.

이것은 최후의 심판을 암시하는 것도 아니요, 적당히 타협하라는 이야기가 아니다. 최후의 심판이라면 "돈만 다 갚으면 다시 나올 수 있다"라는 의미맥락이 전제될 수 없는 것이다. 이것이 예수시대에 흔히 있었던 일상적 송사의 비유를 가지고 메타노이아, 즉 회심(回心)의 즉각적 결단을 촉구한 것이다. 하나님의 임재(臨在)는 너무도 명백한 것이다. 바로 여기서, 율법에 의존하지 말고, 하나님과 화해하라! 나의 모든 사적 분노를 버려라!

Q61 (마 13:31~32, 눅 13:18~19)

> 예수께서 가라사대, "하나님의 나라가 무엇과 같을꼬? 내가
> 무엇으로 비할꼬? 그것은 마치 사람이 자기 채전(菜田)에 갖다
> 심은 겨자씨 한 알 같으니, 자라 나무가 되어 공중의 새들이 그
> 가지에 깃들이느니라."

유대교의 선지자들은 하나님의 나라를 레바논의 백향목(cedars of Lebanon)에 잘 비유했다. 그것으로 솔로몬이 예루살렘성전을 지었기 때문이다(대하 2:8). 그런데 예수가 하나님 나라를 겨자씨에 비유했을 때 그것을 듣는 당장(當場)의 청중들에게는 매우 충격적이었을 것이다. 그들의 관념 속에 겨자씨라는 것은 참으로 작고 하찮은 것의 상징이었기 때문이다. 『장자』「지북유, 知北遊」에 나오는 장자와 동곽자(東郭子)의 대화를 연상시킨다.

동곽자가 장자에게 도가 어디에 있느냐고 묻는다. 이에 장자는 땅강아지나 개미에게 있다(在螻蟻)고 대답한다. 이에 동곽자가 묻는다: "어찌 그리 낮은 것에 있나이까?" 장자는 다시 대답한다: "논에

서 뽑혀 버리어지는 피 속에 있나이다."(在稊稗). 동곽자가 묻는다: "어찌하여 점점 더 낮아지나이까?" 장자가 대답한다: "기와나 벽돌에 있소."(在瓦甓). 동곽자가 물었다: "어찌하여 그렇게 차츰 더 심하게 낮아지나이까?" 장자가 대답했다: "똥이나 오줌에 있소." 동곽자는 충격에 할 말을 잃었다. 똥이나 오줌속에도 하나님의 나라는 임재해 있다.

미세한 시작과 풍요로운 결과는 종말론적 상징이 아니라 역사 속에서 전개된 예수운동의 유기적 일체성을 나타낸 것이다. 하찮은 듯이 보이는 하나님 나라의 실천이 결국 승리하고야 만다는 현실적 자신감을 토로한 것이다.

　　예수께서 가라사대, "내가 하나님의 나라를 무엇으로 비할꼬? 하나님의 나라는 한 여인이 밀가루 서 말 속에 갖다 넣어 전부 부풀게 한 누룩과 같으니라." 하시니라.

　　유대인은 가장 큰 절기인 유월절에 누룩을 넣지 않는 무교병(無酵餠, Unleavened bread)을 먹는 습관이 있어, 누룩에 대한 인상이 좋지 않다. 발효를 부패와 동일시했고, 유대문학에서 누룩은 악을 상징했다. 예수는 바로 유대교전통이 악의 상징으로 사용한 물건으로써 하나님의 나라를 비유하는 강력한 반어법을 구사하고 있는 것이다.

　　누룩의 영향력은 엄청나다. 그러나 그것은 사물을 보이지 않게 안에서(within) 변화시킨다. 아주 서서히 천천히. 그것은 물리적 변화인 동시에 화학적 변화이다. 아주 새로워지는 것이다. 그리고 생명의 빵을 제공한다. 이제 왜 예수가 천국을 누룩에 비유했는지 이해가 갈 것이다.

그리고 "여인"을 등장시킨 것도 예수운동의 본질을 드러낸다. 여인은 천시받는 소리없는 누룩의 주체이다.

Q63 (마 7:13~14, 눅 13:24)

　　좁은 문으로 들어가라! 멸망으로 인도하는 문은 크고 그 길은
넓고 순탄(順坦)하여 그리로 들어가는 자가 많고, 생명으로 인
도하는 문은 좁고 길이 험난(險難)하여 찾는 이가 적음이니라.

　　문은 천당으로 들어가는 문이 아니요, 오늘 여기 생명의 삶으로 들
어가는 문이라는 것을 기억하라. 진리란 들어가기 어렵고 발견하
기 어려운 것이다. 초대교회의 박해상황을 전제로 해서만 이런 말
씀을 해석할 필요는 없다. 실상 로마시대의 초대교회박해는 거의
없었다는 역사적 실상을 좀 리얼하게 파악할 필요가 있다.

Q64 (마 8:11~12, 눅 13:28~29)

사람들이 동에서 서에서 북에서 남에서 와서 아브라함과 이삭과 야곱과 함께 하나님의 나라 잔치에 참석하리니, 하나님의 나라가 자신의 소유라고 생각하는 사람들은 바깥 어두운데 쫓겨나, 거기서 울며 이를 갈이 있으리라.

하나님의 나라는 소유의 대상이 아니다. 유대인들은 하나님의 나라를 자신들만의 소유라고 생각했다. 소유하는 자들이여! 울며 이를 갈이 있으리니.

Q65 (마 20:16, 눅 13:30)

지금 꼴찌 된 자들이 첫째가 되고, 지금 첫째 된 자들이 꼴찌가 되리라.

짧은 말씀이라 지나치지 말고 깊게 생각하여 무한한 해석의 나래를 펴라. 천국선포의 핵심은 가치의 전도이다. 세속의 질서와 하늘의 질서 속에서는 우리가 생각하는 서열은 뒤집힌다. 결국 자기부정의 다른 표현이라고 볼 수 있다. 최후의 심판이라는 시점을 기준으로 하여 전후상황을 말한 것이라는 주석은 매우 치졸한 해석이다. 심판 전의 꼴찌가 심판 후에 첫째가 된다는 식의 역전을 말한 것이 아니다. 하나님의 심판은 시간의 축적태가 아니다.

Q66 (마 23:37~39, 눅 13:34~35)

예루살렘아! 오 예루살렘아! 그대 네게 파송된 자들을 돌로 치고 선지자들을 죽이는 도성이여! 암탉이 제 새끼를 날개 아래 모음 같이, 내가 네 자녀들을 모으려 한 일이 몇 번이뇨? 그러나 너희가 원치 아니하였도다.

보라! 너희 집이 황폐하여 버린 바 되리라. 내가 너희에게 이르노니, 너희가 "주의 이름으로 오시는 이를 찬송하리로다."라고 외칠 때까지 너희는 나를 보지 못하리라.

"예루살렘"을 예수가 "사람을 쳐죽이는 도시"라 이름한 것에는 절묘한 아이러니가 숨어있다. "예루살렘"의 "살렘"(Shalem)은 "샬롬"(shalom)이라는 히브리말과 상통하며 우리가 다 아는 대로, 그것은 투쟁과 적개심의 부재, 즉 평화를 의미한다(물론 예루살렘의 어원에 관해서는 다양한 풀이가 있다). "예루살렘"이야말로 "평화의 도시"인 것이다(시 76:2). 그런데 그 평화의 도시가 그토록 많은 선지자들과 지사들을 죽였다.

"돌로 친다"는 형벌은 모세율법에 우상숭배 를 위시한 여타 행위에 해당되지만, 미쉬나(*Mishnah*)에 의하면 거짓 선지자(false prophets) 도 돌로 쳐죽일 수 있다. 거짓 선지자인지 아닌지 어떻게 아는가? 그것은 대강 대중선동, 군중 감정폭발, 그리고 음모에 의하여 이루 어진다.

이 장의 내용이 너무도 예수의 생애 전체를 암시하고 있기 때문에 그 성립시기를 운운하기가 매우 난감하다. 그러나 예수시대의 말씀 이라고 한다면, 예수가 예루살렘에서도 천국운동을 시도하였고 쓰 라린 배척의 경험을 당했다는 사실이 반추될 수 있다.

지혜문학의 전통을 이은, 지혜로운 예언으로 볼 수도 있다.

Q67 (마 23:12, 눅 14:11)

누구든지 자기를 높이는 자는 낮아지고,

누구든지 자기를 낮추는 자는 높아지리라.

많은 주석가들이 이런 말씀이 당시 통용되던 격언의 인용이라고 보는데, 설사 그러한 양식적 언어패턴이 존재한다 할지라도 이것은 인간 예수의 리얼한 말씀일 수밖에 없다. 모든 종교의 본질은 인간의 겸손에 있다. 인간의 겸손은 신이라는 절대자 앞에 직면할 때만이 본질적으로 이루어진다는 생각이 메소포타미아 문명권의 초월적 가치관이다.

하나님이라는 존재자를 전제하지 않고도 그러한 겸손에 도달할 수 있다는 명제는 황하문명권의 내재적 가치관이다.

Q68 (눅 14:12~14)

　　너는 점심이나 저녁을 차려놓고 사람들을 초대할 때, 친구나
형제나 친척이나 잘사는 이웃을 청하지 말라. 그렇게 하면 너도
그들의 초대를 받아서 네가 베풀어 준 것을 도로 받게 될 것이다.
그러므로 너는 잔치를 베풀 때에 오히려 가난한 사람, 불구자,
절름발이, 소경 같은 사람들을 청하라. 그들은 갚을 것이 없는
고로 네게 복이 되리라.

　　어떤 사람이 큰 잔치를 배설(排設)하고 많은 사람을 청하였더니, 잔치할 시간이 다가오매, 그 청하였던 자들에게 종을 보내어 가로되, "오소서. 모든 것이 준비되었나이다." 하매, 그들이 차례로 사양하는지라.

　　하나는 종에게 가로되, "나는 밭을 샀으매, 불가불 나가 보아야하겠으니 청컨대 나를 용서하도록 하라." 하고, 또 하나는 가로되, "나는 겨릿소 다섯 쌍을 샀으매 시험하러 가니, 청컨대 나를 용서하도록 하라." 하고, 세 번째 사람은 가로되, "나는 아내를 취한지 얼마 되지 아니하였으매 그러므로 가지 못하겠노라." 하는지라. 종이 돌아와 주인에게 그대로 고하니, 이에 집주인이 노하여 그 종에게 이르되, "빨리 시내의 거리와 골목으로 나가서 가난한 자들과 병신들과 소경들과 저는 자들을 초대하여 오라." 하니라. 곧 종이 돌아와 가로되, "주인이시여. 명(命)하신 대로 하였으되, 아직도 자리가 있나이다." 하니,

　　주인이 종에게 이르되, "길거리나 울타리 곁에 서있는 사람들을 강권(強勸)하여서라도 내 집을 채우라. 내가 말하노니, 원래 청하였던 사람들은 하나도 내 잔치를 맛보지 못하리라." 하였더라.

─────────

　　중동지역의 문화에서 집잔치에 초대된다는 것은 최상의 영광이다.

이 비유에서도 가치전도의 주제는 계속된다. 고귀한 손님들이 초대되는 것이 아니라 소외된 버림받은 약자들이 초대되는 것이다. 예수의 천국운동은 이러한 식탁교제운동이었다.

원래 초대된 손님들의 거절 핑계는 갈수록 무례함과 오만함이 증대된다. 첫 번째 손님은 땅 구매의 뒷처리 때문이고, 두 번째 손님도 소 매입 이후의 검사 때문이고, 세 번째 손님은 자손번식을 위해 섹스를 하기 위한 것이다. 모두 세속에 대한 관심이다. 세상의 영욕에 구애되어 사는 자, 어찌 하나님의 나라에 초대될 수 있을까보냐?

Q70 (마 10:37~38, 눅 14:26~27)

　　아비나 어미를 나보다 더 사랑하는 자는 나의 제자가 되지 못
하고, 아들이나 딸을 나보다 더 사랑하는 자도 나의 제자가 되지
못하리라. 자기 십자가를 지고 자기가 가진 모든 것을 버리지
아니하면, 너는 진실로 나의 제자가 되지 못하리라.

Q71 (마 5:13, 눅 14:34~35)

　　너희는 세상의 소금이라. 소금이 만일 그 맛을 잃으면, 그런 소금은 다시 짜게 될 수 없느니라. 땅에도, 거름에도 쓸데없어 내어 버리느니라.

　　개역판의 번역은 그 뜻이 왜곡되어 있다. "무엇으로 짜게 하리오?"는 소금 외의 무엇으로 우리가 먹을 음식을 짜게할 수 있겠느냐는 말로 들린다. 그러나 영어개역성경(RSV)만 해도, "how shall its saltness be restored?"로 되어 있다. "그 소금의 소금끼를 어떻게 회복할 것인가"하는 문제이며, 짠 맛을 내는 문제가 아니라, 소금 자체의 성분에 관한 문제일 뿐이다.

소금, 그러니까 순도가 100% 보장되는 소디움 클로라이드(sodium chloride)는 안정된 분자식 구조를 가지고 있어서 어떠한 경우에도 그 짠 맛을 잃을 수 없다. 따라서 우리가 먹는 소금의 경우, "그 맛을 잃으면"이라는 가정법은 성립하지 않는다.

팔레스타인 사람들은 소금을 사해주변에서 채취했는데 매우 불순물이 많은 종류의 소금이었다. 순수 소금성분은 불순물보다 용해되기

쉽기 때문에 쉽게 빠져나가 버릴 수 있다. 이런 상황이 곧 "그 맛을 잃는다"는 상황이다. 그러면 그 소금은 도저히 짠 맛을 다시 회복할 수 없기 때문에 쓸모없는 물건이 되어, 버려진다는 것이다. 지금도 팔레스타인 농촌에 가면 못쓰게 된 소금을 옥상 같은 평평한 지붕에 깐다고 한다.

소금은 맛을 내며, 생명의 원천이며, 부패를 방지하며 희생제사에도 쓰인다. 유대인들에게는 소금을 같이 먹는 것은 충성(loyalty)과 순결(purity)을 서약하는 상징이었다.

　　너희 생각에는 어떻겠느뇨? 만일 어떤 사람이 양 일백 마리가 있는데, 그 중에 하나가 길을 잃었으면, 아흔 아홉 마리를 산에 두고, 가서 길 잃은 그 한 마리 양을 찾지 않겠느냐? 그 한 마리를 찾은즉, 즐거워 어깨에 메고 집에 와서, 그 벗과 이웃을 불러 모으고 말하되, "나와 함께 즐기자! 나의 잃은 양을 찾았노라." 하리라.

　　제1세기 갈릴리의 풍경이 선하게 떠오른다. 당시 갈릴리 동산에서 100마리의 양을 치는 것은 흔한 일이었다. 그러나 양을 잃는 법은 거의 없었다. 각 목동이 아주 자기에게만 특수한 호루라기를 지니고 있었는데, 양들은 자기 목동의 호루라기 소리를 분별하는 능력이 탁월했다. 두 떼가 물가에서 섞여도 호루라기만 불면 정확히 분리되어 자기 목동을 따라 나선다.

길 잃은 "그 한 마리"의 존중은 인류가 민주사회를 만들어올 수 있었던 한 정신적 원천을 이루었다. 기독교의 건강한 측면이다. 하나님이 각 개인에게 관심을 가지셨다는 신념이 민주사회의 개체의 존중으로 이어진 것이다. 떼가 아닌 그 한 마리가 문제되는 것이다. 무리 속에 파묻혀 버릴 수 없는 개인의 인격, 그것이 이 비유가 노리고 있는 것이다. 그것은 예수운동의 요체이기도 했다.

Q73 (눅 15:8~10)

어느 여인이 열닢의 은동전을 소지하고 있었는데 그 하나를 잃으면 어떠하겠느뇨? 등불을 켜고 온 집을 쓸며, 찾도록 부지런히 노력할 것이니라. 또 찾은즉, 벗과 이웃을 불러 모으고 말하되, "나와 함께 즐기자! 잃은 은동전 한닢을 찾았노라." 하리라.

제72장과 한 세트를 이루는 비유이다. 마태에 안 나와도 Q원경에 있었을 것이다. 따로 떼어놓기 어려운 짝이라고 예레미아스는 말한다. "잃음"은 인간 삶의 비극이요, "찾음"은 환희다. 우리는 상실한 것에 더 애착을 느낀다.

갈릴리의 집들은 돌벽돌과 흙벽돌을 쌓아올리는데 창을 만들기가 어렵다. 그리고 바닥은 흙바닥이다. 따라서 심히 어둡다. 드라크마 (drachma)는 헬라의 은전인데 로마의 데나리온에 해당된다. 한 드라크마는 양 한 마리 가격이었다. 열 드라크마는 이 여인의 결혼지 참금이었을 것이다. 컴컴한 집 바닥을 쓸며 찾는 일이 쉽지는 않았을 것이다.

Q74 (마 6:24, 눅 16:13)

집 하인이 두 주인을 섬길 수 없나니, 혹 이를 미워하고 저를
사랑하거나, 혹 이를 중히 여기고 저를 경히 여길 것임이니라.
너희가 하나님과 재물을 겸하여 섬길 수는 없느니라.

지금 한국기독교의 가장 큰 문제는 현세의 축복만을 갈구한다는
것이다. "예수를 믿는다는 것"이 중산층의 재물을 늘려준다는 신
념이 팽배해있는 것이다. 예수를 믿으면 병도 낫고 돈도 벌고 교회
멤버와의 유대도 강화되며 사회생활이 용이해진다는 것이다. 이러
한 현실적 이점이 없으면 많은 기독교인들이 교회에 나가지 않을

것이다. 여기 "하나님과 재물"의 "재물"은 맘몬(*mammon*)이다. 맘몬이란 바로 "돈신"(God of Money)인 것이다. 한국의 기독교는 하나님을 섬기는가, 돈신을 섬기는가?

도마복음서 제47장에는 이런 말이 있다: 예수께서 가라사대, "한 사람이 동시에 두 말을 탈 수 없고, 두 활을 동시에 당길 수 없나니…"

Q75 (마 5:18, 눅 16:17)

하늘과 땅이 견디는 한, 율법의 한 글자도, 한 점도 사라지지
않으리라.

율법과 복음의 연속성은 오직 사랑일 뿐이다. 예수운동은 오직 사
랑의 율법만을 가르쳤다.

Q76 (마 5:32, 눅 16:18)

무릇 그 아내를 버리고 다른데 장가드는 자는 간음을 범하는
것이요, 무릇 버리운 여자에게 장가드는 자도 간음을 범하는
것이니라.

유대법은 남편이 이혼서류를 아내에게 줌으로써 아내와 이혼할 수
있도록 허용했다. 남자중심의 이혼, 재혼 관행인 것이다. 예수는 이
모든 관계를 정죄한다. 그는 유대율법에 도전한다. 어떠한 경우에
도 이혼은 불가능하다고 선언한다.

아내를 버리면 결국 그 여자로 하여금 간음을 범하게 하며, 이혼
당한 여자에게 결혼하면 그 여자의 첫 번 남편에 대하여 간음을 범
하는 것이다.

Q77 (마 18:6~7, 눅 17:1~2)

　실족(失足)케 하는 것이 세간(世間)에 없을 수는 없으나, 남을 실족케 하는 자에게는 화(禍)가 있으리로다. 나를 따르는 자 한 사람이라도 실족케 하는 자는 차라리 연자맷돌을 목에 매이우고 바다에 던지우는 것이 나으리라.

　역사적 예수는 자기를 따르는 자들에 대한 깊은 인간적 애정을 표시한다.

Q78 (마 18:15, 21~22, 눅 17:3~4)

예수께서 그의 제자들에게 설명하시니, "네 도반(道伴)이 네게 죄를 범하거든, 그에게 직접 가서 권면(勸勉)하라. 그러나 사적으로 하라. 만약 너의 친구가 듣고 말하기를, '용서하시오.' 하면, 용서해주라. 그리하면 너는 네 형제를 얻은 것이니라."

제자 중 한 사람이 여짜오되, "형제가 내게 죄를 범하면 몇 번이나 용서하여 주리이까? 일곱 번까지 하오리까?"

예수께서 가라사대, "네게 이르노니, 일곱 번뿐 아니라, 일곱 번씩 일흔 번이라도 할지니라."

예수운동의 참가자들에 대한 자비로운 권면이다. 서로 인간적으로 잘못이 있을 경우에는 무조건 무한정으로 용서하라는 것이다. 자기들이 생각하는 한계를 넘어서 서로 용서해주라는 것이다. 예수를 따르는 사람들 사이에서 일어났던 많은 문제들을 해결해가는, 초기 예수공동체의 건실한 측면을 엿보게 하는 로기온이다. 『삼국지』「촉지, 蜀志」, 제갈량전(諸葛亮傳)에도 "칠종칠금"(七縱七擒)의 이야기가 있다.

Q79 (마 17:20, 눅 17:6)

예수께서 가라사대, "너희에게 겨자씨 한알 만한 믿음이라도 있다면, 너희가 이 산을 명하여, '움직여라!' 하여도 움직일 것이다. 너희가 못할 것이 없으리라."

민중들의 치료에 좌절감을 느낀 제자들에게 주는 격려의 말일 수도 있다. 모든 좌절의 근원은 믿음의 빈곤이다.

Q80 (눅 17:20~21)

예수께서 질문을 받으셨다. "하나님의 나라가 어느 때에 임(臨)하나이까?"

예수께서 대답하여 가라사대, "하나님의 나라는 너희가 볼 수 있게 임하는 것이 아니요, 사람들이 '여기 있다.' '저기 있다.'고도 말 못하리니, 하나님의 나라는 오직 너희 안에 있느니라."

매우 충격적인 예수의 말씀을 우리는 듣게 된다. 하나님의 나라는 실체(a substance)가 아니다. 인간이 관찰할 수 있는 어떤 표징이나 징조와 함께 오는 것도 아니다. 그것은 물건이 아니다. 그런 표징을 구하는 자는 하나님의 나라의 성격을 근본적으로 잘못 이해한 것이다.

하나님의 나라는 예수의 말씀을 통하여 이미 현재화되어 있다. 하나님의 나라는 지금 여기 이미 도래한 것이다. 우리 가운데, 내 마음속에!

Q81 (마 24:26~27, 37~41, 눅 17:22~27, 34)

때가 이르리니, 너희가 인자가 오는 그 날을 보고자 하여도 아무 것도 보지 못하리라. 사람들이 너희에게 말하되, "보라! 저기 있다." "보라! 여기 있다." 하여도, 너희는 가지도 말고 좇지도 말라. 네가 있는 그 곳에 머물라. 하늘 이 끝에서 번쩍하여 하늘 저 끝으로 번쩍하는 번개처럼 인자는 그렇게 오리라. 노아의 때에 된 것과 같이 인자의 때에도 그러하리라.

노아가 방주에 들어가던 바로 그날까지 사람들이 먹고 마시고 장가들고 시집가더니, 홍수가 나서 저희를 다 멸하였도다. 인자가 나타나는 날에도 이러하리라.

두 남자가 한 침상에 누워 있으매 하나는 데려감을 당하고 하나는 버려둠을 당할 것이요, 두 여자가 함께 맷돌을 갈고 있으매 하나는 데려감을 당하고 하나는 버려둠을 당할 것이니라.

인간의 타락은 끊임없이 현세에서 일어나는 사건이다. 노아의 방주도 역사 속의 사건이다. 이 예수의 말씀을 재림사건으로만 해석할 필요는 없다.

역사적 예수가 묵시적 사상을 가지고 있었을 수도 있다. 그러나 묵시적 협박은 궁극적으로 현재적 삶에 대한 긴박한 경고이다. 하나는 데려가고 하나는 버려둔다는 메타포는 우리 실존의 두 자아의 대립을 의미할 수도 있다. 구원을 위하여 우리는 그 하나를 희생해야 한다.

예수께서 비유로 다음과 같이 말씀하시었다.

어떤 사람이 먼 길을 떠나면서 자기 종들을 불러 재산을 맡기었다. 그 주인은 각자의 재능에 따라, 한 사람에게는 돈 다섯 달란트를 주고, 한 사람에게는 두 달란트를 주고, 또 한 사람에게는 한 달란트를 주고 떠났다.

다섯 달란트를 받은 사람은 바로 가서 그것으로 장사하여 다섯 달란트를 더 벌었다.

두 달란트를 받은 사람도 그 같이 하여 두 달란트를 더 벌었다.

그러나 한 달란트를 받은 사람은 땅을 파고 그 주인의 돈을 묻어두었다.

오랜 후에 주인이 돌아와 그 종들과 회계(會計)를 하게 되었다.

다섯 달란트를 받은 사람은 다섯 달란트를 더 가지고 와서, "주인님, 주인께서 저에게 다섯 달란트를 맡기셨는데 보십시오, 다섯 달란트를 더 벌었습니다." 하고 말하였다.

그러자 주인이 그에게, "잘하였도다. 너는 과연 착하고 충성스러운 종이다. 네가 작은 일에 충성을 다하였으니 이제 내가 큰일을 네게 맡기리라. 자! 와서 네 주인의 즐거움에 참여할지어다." 하고 말하였다.

그 다음 두 달란트를 받은 사람도 와서, "주인님, 두 달란트를 저에게 맡기셨는데 보십시오, 두 달란트를 더 벌었습니다." 하고 말하였다.

그래서 주인은 그에게도, "잘하였도다. 너는 과연 착하고 충성스러운 종이다. 네가 작은 일에 충성을 다하였으니 이제 내가 큰일을 네게 맡기리라. 자! 와서 네 주인의 즐거움에 참여할지어다." 하고 말하였다.

그런데 한 달란트를 받은 사람은 와서, "주인님, 저는 주인께서 심지 않은 데서 거두시고 뿌리지 않은 데서 모으시는 무서운 분이라는 것을 알고 있었습니다. 그래서 두려운 나머지 저는 주인님의 돈을 땅에 고스란히 묻어두었습니다. 보십시오, 여기 그 돈이 그대로 있습니다." 하고 말하였다.

그러자 주인은 그 종에게 호통을 쳤다. "너야말로 악하고 게으른 종이다. 내가 심지 않은 데서 거두고 뿌리지 않은 데서 모으는 사람인 줄로 알고 있었다면, 내 돈을 화식(貨殖)하는 자들에게 꾸어주었다가 내가 돌아올 때에 그 돈에 이자를 붙여 돌려주어야 할 것이 아니냐? 여봐라! 저자에게서 한 달란트마저 빼앗아 열 달란트 가진 사람에게 주어라. 누구든지 노력하여 가진 것이 있는 사람에게는 더 많은 것이 주어지고 삶이 풍족하여 질 것이요, 참된 가치를 소유하지 못한 사람은 그가 가지고 있다고 생각하는 것마저 빼앗기게 될 것이니라."

마태의 Q버전이 누가의 버전보다는 더 오리지날한 것이다. 마태에서 누가로 갔을 수는 있으나, 누가에서 마태로 갔을 가능성은 없다. 이 장의 번역은 가독성을 위하여 공동번역을 주로 따랐다.

누가의 경우, 주인이 왕위를 얻으러 떠난다는 설정도 이상하고, 종 열 명에게 열 므나를 균배했다는 것도 이치에 맞지 않다. 문제가 된 사람은 마태와 똑같이 3명뿐이기 때문이다. 그리고 종들이 연합해서 주인이 왕위를 못 얻도록 상소를 올렸다는 것도 전체 이야기 주제와 무관한 부질없는 삽입이다. 누가는 Q자료를 변형시킬 때, 헤롯대왕이 죽은 다음 그의 유언에 따라 로마제국의 왕권인가를 얻기 위해 로마로 떠난 아켈라우스(Archelaus)를 연상했을지도 모른다 (마 2:22). 그러나 Q는 대체로 현실적 정황 속에서 일어난 일상적 이야기를 비유화했다는 데 그 파우어와 신랄함이 있는 것이다.

고대사회에서 노예는 우리가 생각하는 그러한 천민의 이미지만 가지고 있지 않았다. 노예는 책임과 권위를 지니는 존재였으며, 주인이 장기간의 여로를 떠날 때는 재산의 관리를 위탁할 뿐 아니라 돌아온 후에는 그 이득을 분배하는 관행이 있었다. 따라서 이 이야기는 당시의 매우 현실적인 관례에 따라 만들어진 비유이며, 따라서 누가처럼 알레고리화할 필요는 없는 것이다.

천국의 도래를 위하여 우리는 항상 깨어있어야 하고 항상 기다림 속에 있어야 한다. 그러나 그것은 수동적 과정이 아니라 능동적 과정이며, 하나님이 나에게 허락한 탤런트(talent: 여기의 달란트와 같은 어원), 즉 나에게 내재한 능력을 발전시키고 증식시키는 과정이 되어야 한다.

"심지 않은 데서 거두고 뿌리지 않은 데서 모은다"는 것은 타인의 노동력을 비양심적으로 착취하는 악덕 자본가를 비꼬는 격언적

표현이다. 한 달란트의 종은 투자를 해서 돈을 벌어도 착취당할 것
이요, 투자를 해서 돈을 잃으면 모든 것이 끝장이라고 생각했을 것
이다. 그래서 안전빵의 길을 선택한 것이다. 그러나 안전빵의 길은
직무유기다. 그 당시 은행같은 역할을 하는 안전한 기구가 있었는
데도 은행에 맡기는 일조차 하지 않았다. 무엇보다도 주인을 믿지
못했고 그에게 주어진 직분을 다하지 못했다. 오직 안전을 위해서
실존의 책임을 회피했을 뿐이다. 하나님의 은총은 책임회피를 용서
하지 않는다. 그러한 자에게는 주인과 종의 관계가 단절되고 천국
의 가능성이 봉쇄되는 것이다.

Q83 (마 19:28, 눅 22:28~30)

예수께서 그를 따르는 사람들에게 이와 같이 말씀하시었다:
"너희는 나의 모든 시련을 통하여 나와 함께 하였다. 너희는
하나님의 나라에서도 나와 함께 먹고 마시리라."

공자의 수제자 중의 한 사람으로 현실적인 관심이 많았던 자공(子
貢)이 어느날 공자에게 이와 같이 물었다: "만일 백성에게 널리 베
풀어 많은 사람을 구원한다면 어떠하오리이까? 인(仁)하다 하오리
이까?"(子貢曰: "如有博施於民而能濟衆, 何如? 可謂仁乎?") 공자가
이르시었다: "어찌 인하다함에 그치리오? 반드시 성스러운 경지일
것이다. 요순도 이에 있어서는 오히려 부족함을 느끼셨을 것이니라."

(子曰: "何事於仁, 必也聖乎! 堯舜其猶病諸。"「雍也」) 예수가 추구한 세계는 여기서 말하는 제중(濟衆)의 사역이었다. 널리 대중을 구하는 일이었다. 공자도 이 제중의 사역에 관해서는 성(聖, *Das Heilige*)의 경지임을 인정하면서도 막상 자신의 행보에 관해서는 겸양의 미덕으로 보다 구체적인 작은 일에 인(仁)의 본(本)을 두려 하였다. 그러나 예수는 공자와는 다른 긴박한 역사적 상황속에서 핍박받던 민중의 메시아적 열망을 바르게 인도해야 할 어떤 사명감을 강렬하게 느낄 수 밖에 없었다. 그는 하나님의 나라를 선포했다. 하나님의 질서의 지금 여기에서의 실현을 확신했다. 예수는 공자

가 성(聖)이라 말한 그 경지에 도전한 인물로서 우리가 기억해야 할 것인가?

Q복음서는 현학적 주석과 무관하게 유기적 통일성을 지닌 하나의 전체로서 있는 그 모습대로 읽혀야 한다. 나 도올에게 있어서도 Q복음서의 주석 과정은 그 자체가 배움의 과정이요 깨달음의 연속이었다. 성서는 항상 새롭게 읽혀야 한다. 읽을 때마다 그것이 전적으로 새로운 깨달음을 나의 삶에 던져주지 못한다면 어찌 그것을 복음이라 말할 수 있으리오?

큐복음서 — 신약성서 속의 예수의 참 모습, 참 말씀

2008년 3월 7일 초판발행

2022년 4월 28일 1판 4쇄

편·역주 도올 김용옥

펴낸이   남호섭

펴낸곳   통나무

서울특별시 종로구 동숭동 199-27

전화: 02) 744-7992

출판등록 1989. 11. 3. 제1-970호

ISBN 978-89-8264-113-8 (03230)